天津市"职业培训包"项目开发指南

天津市人力资源和社会保障局

中国劳动社会保障出版社

图书在版编目（CIP）数据

天津市“职业培训包”项目开发指南/天津市人力资源和社会保障局编. —北京：中国劳动社会保障出版社，2013

ISBN 978-7-5167-0557-5

Ⅰ.①天…　Ⅱ.①天…　Ⅲ.①职业培训-文件-汇编-天津市　Ⅳ.①C975

中国版本图书馆 CIP 数据核字（2013）第 235375 号

中国劳动社会保障出版社出版发行

（北京市惠新东街 1 号　邮政编码：100029）

*

保定市中画美凯印刷有限公司印刷装订　　新华书店经销

850 毫米×1168 毫米　32 开本　9.75 印张　198 千字

2013 年 10 月第 1 版　　2013 年 10 月第 1 次印刷

定价：32.00 元

读者服务部电话：（010）64929211/64921644/84643933

发行部电话：（010）64961894

出版社网址：http://www.class.com.cn

天津市“职业培训包”项目开发指南

编审委员会

前　言

天津市委、市政府始终高度重视职业培训工作和高技能人才队伍建设。多年来，不断加大工作力度，健全政策体系，完善工作措施，高技能人才队伍规模不断扩大，结构不断优化，基本形成了以政府为主导、行业企业为主体、职业院校为基础、职业培训机构为补充、校企合作为纽带、社会各方共同参与的职业培训和高技能人才培养体系。

为进一步加强职业培训工作，创新职业培训模式，切实保证培训质量，按照市委、市政府要求，我们借鉴国外开展职业培训的经验，特别是澳大利亚“培训包”的经验，依据国家职业资格证书制度，结合我市经济社会发展实际对职业岗位的要求，按照需求性、开放性、创新性的原则，选择涉及公共安全、人身健康、国家财产安全、技术技能复杂、从业人员多的职业，通过面向社会公开招标的方式，遴选开发单位，有计划地开发具有天津特色的“职业培训包”，满足我市加快转变经济发展方式、调整优化经济结构对高水平职业培训的要求，为全面提高我市劳动者素质和就业能力服务。

编　者

目　录

调研报告

天津市职业培训模式的探索——“职业培训包”的开发与应用

天津市职业培训模式的探索

——"职业培训包"的开发与应用

2012 年 12 月

于茂东

一、研究背景

(一) 探索职业培训模式是扩大就业规模、提高就业质量的需要

职业培训作为职业教育的重要形式之一，与经济社会发展和劳动者就业有着密切的联系。改革开放以来，我市职业培训工作虽已取得了显著成效，对促进就业和经济社会发展起到了重要作用，但也还存在政策体系不完善、职业标准陈旧、培训手段落后、培训方式单一、培训的针对性和有效性不强等问题，不能适应经济社会快速发展、产业结构优化升级和劳动者素质就业的需要。当前，本市就业结构性矛盾突出，高校毕业生、农村转移就业劳动力、城镇失业人员就业压力还将长期存在。

因此，探索职业培训新模式，提高职业培训的针对性和有效性，对于落实《国务院关于加强职业培训促进就业的意见》（国发〔2010〕36号）精神，实现“培训一人、就业一人”和“就业一人、培训一人”的目标，具有重大意义。

（二）探索职业培训新模式是落实天津市中长期教育改革和人才发展纲要的需要

《天津市中长期人才发展规划纲要（2010—2020年）》（津党发〔2010〕8号）明确提出，我市加强高技能人才队伍建设的发展目标是适应走新型工业化道路和产业结构优化升级的要求，以提升职业素质和职业技能为核心，以技师和高级技师为重点，形成一支门类齐全、技艺精湛的高技能人才队伍。《天津市中长期教育改革和发展规划纲要（2010—2020年）》（津党发〔2010〕17号）提出，积极探索培养社会急需的高素质技能型人才的有效途径。“职业培训包”的整体定位是：政府部门主导，研究制定就业准入办法；行业企业根据职业标准和实际需求，开发“职业培训包”；职业院校依照“职业培训包”，整合课程资源，开展一体化“双证书”培训，使在校学生毕业时即可获得学历证书和职业资格证书，使在岗和待岗人员通过培训获得上岗需要的职业资格证书。开发“职业培训包”，探索具有天津特色的职业培训模式，是落实天津市中长期教育改革和人才发展纲要提出的目标任务的必然选择。

（三）探索职业培训模式是实现天津城市定位的需要

高技能人才是我国人才队伍的重要组成部分，是各行各业产业大军的优秀代表，是技术工人队伍的核心骨干，在加快产业优化升级、提高企业竞争力、推动技术创新和科技成果转化等方面具有不可替代的重要作用。我市技能人才队伍建设取得了显著成就，技能人才总量达到132万人，其中高技能人才的比例达到26.5%。但是，随着滨海新区开发纳入国家发展战略，天津作为加工制造业的研发转化和生产基地、北方物流中心和现代化港口城市，以及产业结构优化升级、城乡一体化发展，对职业培训工作和高技能人才队伍建设提出了更高要求。开发“职业培训包”，探索具有天津特色的职业培训模式，建设一支规模宏大、结构合理、技能精湛、素质优良的高技能人才队伍，是实施天津定位的迫切要求。

二、创新“职业培训包”培训模式，提升职业标准和培训水平

（一）开发“职业培训包”，提升职业标准

职业技能培训是为适应经济社会发展的需要，以国家职业

标准为依据，对准备就业和已经就业的劳动者以培养技能水平和职业能力为目的的规范性培训。当前我国以《中华人民共和国职业分类大典》为依据，逐步制定了代表全国经济发展整体水平的国家职业标准，建立了对劳动者按照初级工、中级工、高级工、技师、高级技师五个等级进行评价的职业资格证书制度。这一制度对劳动力技能评价、人力资源市场建设以及劳动者技能水平提高发挥了重要作用。

天津正在打造北方经济中心，实施高端化、高职化、高新化发展战略，建设先进制造业和现代服务业，高新产业快速发展，高新企业大量引进，高新技术大量应用，但是国家职业标准更新缓慢，现行国家职业标准已不能满足天津经济发展的需求，表现为职业能力要求水准低，先进技术、先进设备应用滞后，迫切需要引进国外先进理念，开发“职业培训包”，提升职业（技能）标准。

（二）开发“职业培训包”，提升职业技能培训水平

现行的职业技能培训实行的是结果管理。职业技能培训一般是由教学管理部门或培训教师，依据国家职业标准和岗位技能需要，使用已有的培训设备，制定培训计划，选择培训教材，采用教师熟悉的培训方式进行培训，培训质量和效果受自身培训条件和教师影响很大，不同学校之间质量差异也很大。而采用“职业培训包”培训属于过程管理。开发者在国家职业资格框架下，在充分调研了解当地企业生产技术、设备、工艺、材料的基础上，开发职业标准、教学内容、教学形式、培训教材、考核标准、师资标准、实训条件，制定培训规范，并且根据技术和经济发展进行修改完善，不论哪个学校，不论哪个教师，都要按照这个标准进行培训和考核，从而实现对培训过程的各个环节的规范管理，保证培训质量和效果的统一性和适用性，满足本市企业生产实际需要。

（三）开发“职业培训包”，建立职业技能培训超市

职业技能培训的对象主要是在职职工、职业院校在校生和失业人员三类人群，培训等级分为初级工、中级工、高级工、技师、高级技师五个等级，每个等级又是由若干专项能力组成。现行的职业技能培训内容是以职业等级划分的，每一个等级是一个独立的培训单元，不论什么人员，都要按照职业等级进行系统培训。开发“职业培训包”，要把某个职业等级按内容拆分为若干职业单元，按职业单元设置培训内容，建立培训超市。各类人员根据自身需要，尤其是对于已经掌握某个方面技能或仅需要某个单元技能的人员，到培训超市选择培训模块，就不需要按某个职业等级进行全部培训，使职业技能培训更具有针对性和实用性。

三、“职业培训包”模式与功能

（一）“职业培训包”模式

“职业培训包”定义：依据国家职业标准，针对某一职业各层次的培训对象进行职业技能培训的资源总和（包括职业标准、教学内容、教材、教学形式、考核标准、师资标准、实训条件等）。

“职业培训包”模式是在国家职业标准和国家职业资格证书制度框架下，将培训资源“集中打包”，“捆绑作业”，形成规范、标准、科学的培训模式，建立与之相适应的培训资源，采用先进的培训技术和培训方法开展职业培训，提升培训质量和培养效果。

“职业培训包”以《中华人民共和国职业分类大典》中的职业冠名，以职业技能等级打包。如维修电工职业含有五个培训包：维修电工职业（初级）培训包、维修电工职业（中级）培训包、维修电工职业（高级）培训包、维修电工职业（技师）培训包、维修电工职业（高级技师）培训包。

（二）“职业培训包”具有完备的功能

1.“职业培训包”要成为职业培训的纲领性文件。“职业培训包”依据国家职业标准确定培训标准，对培训模式、培训内容、培训方法、师资队伍、设备与环境等方面进行规范化和标准化，是职业技能培训组织、实施和规范管理的依据。

2. “职业培训包”要成为培训教师从事职业培训工作的技术性文件。“职业培训包”有丰富的培训资源，供培训对象、培训教师、培训机构使用。其资源的先进性和可操作性，不仅方便教师直接选用，而且能为教师采用先进的教学手段提供方便。所以，“职业培训包”不仅是培训教师从事职业培训工作的技术性文件，也是教师上岗培训、指导学员训练的得力工具。

3. “职业培训包”要为学员搭建即时学习训练的平台。“职业培训包”可提供培训导航服务、信息咨询服务。其丰富的学习资源，可成为学员助学和训练的极好帮手。

4. “职业培训包”要为鉴定考核提供服务。“职业培训包”是职业技能鉴定考核的规范性标准，其鉴定规范和鉴定指南是职业技能鉴定考核评价的依据。

5. “职业培训包”为培训机构建设提供服务。“职业培训包”要针对培训机构的环境设施问题、培训设备配备问题、培训师资配备、能力水平问题建立一系列标准，能为培训机构完善机构建设、培训教师队伍建设、开展硬件环境建设、规范管理制度建设等提供依据和标准要求。

（三）“职业培训包”的主要特色

1. 提升培训标准，规范培训过程，监控评价考核。“职业培训包”开发要做到依据科学、内容先进、资源丰富、方法创新、使用方便，在国家职业资格证书制度框架下形成标准化、规范化的职业培训技术性与指导性文本。

2. 创新培训模式。一是采用项目化培训，结合职业的工作条件、典型工作任务、综合职业能力要求，在调研、分析的基础上确定开发项目，设置培训课程，精选培训内容。由生产项目导入学习和训练内容，从“用”入手“学”，使学习内容与训练项目紧密结合，理论与实操结合。二是采用职业化培训，职业技能工种培训必须体现职业属性，把企业对职业属性的要求体现在培训包中，把学习训练过程与生产过程结合，把培训过程作为生产能力培养过程。三是采用模块化（菜单式）培训，将职业等级划分课程模块和训练项目模块，方便不同等级的培训学习和考核鉴定，适应培训对象不同层面的需求。四是新技术应用培训，既根据行业、企业需求，不断拓展“职业培训包”覆盖的职业范围，又根据职业发展情况，不断调整更新“职业培训包”的内容，保持技术应用先进性。

（四）“职业培训包”的应用

通过边开发、边推广的方式，重点面向三类人群（在职职工、职业院校在校生、失业人员）开展职业培训。

以行业企业为主体，以职业院校为基础，以职业培训机构为补充，以校企合作为纽带，实施“职业培训包”培训模式，实现职业教育学制教育与社会培训规模达到1∶2的比例，切实提高培训质量，提升职业院校毕业生、社会各类人员的职业技能与水平。

四、“职业培训包”开发思路、目标与框架

（一）总体思路

在国家职业资格证书制度框架体系内，依据国家职业标准，结合我市经济社会发展实际对职业岗位的要求，借鉴国内外开展职业培训的经验，遵循校企联合“项目开发—项目实施—项目完善”的总体思路，先易后难，重点优先，充分覆盖，有计划地开发“职业培训包”，以满足我市加快转变经济发展方式、调整优化经济结构对高水平职业培训的需要。

（二）开发原则

1. 需求性原则。结合我市支柱产业、优势产业对技能人才的需求，根据相关职业工作条件、典型工作任务、综合职业能力要求，在调研、分析的基础上确定开发项目，设置培训课程，

精选培训内容。

2. 开放性原则。充分利用社会各类资源，通过项目招标、委托等方式，在行业、企业、职业院校、科研院所、职业培训机构中遴选出承担“职业培训包”项目开发任务的单位。既要根据行业、企业需求，不断拓展“职业培训包”覆盖的职业范围，又要根据职业发展情况，不断调整更新“职业培训包”的内容（如培训项目、培训课程、培训内容等）。

3. 创新性原则。培训内容及时吸纳新技术、新工艺、新设备、新材料，不断创新培训方式方法，开发具有创新性的“立体化”教材，适应培训对象不同层面的需求。

（三）开发方式

1. 优选“职业培训包”项目开发单位。充分利用社会各类资源，通过科研项目招标方式，面向行业、企业、职业院校、科研院所、社会培训机构等，遴选具备开发条件的单位。

2. 实行“职业培训包”项目管理。按照目标管理与过程管理相结合的方法，对“职业培训包”实行项目管理，建立开发流程，规范开发程序。依据开发流程，将“职业培训包”项目开发的选题、申报、日常管理、验收等环节全面纳入规范化管理。承担开发任务的单位需严格按照《“职业培训包”开发指南》、《“职业培训包”开发模板》完成开发任务，确保“职业培训包”的标准化、规范化。

3. 节点监控跟踪开发与实施的过程。“职业培训包”开发是围绕职业培训的一种创新性实践活动，包含丰富的实用性资源，其过程是一个边开发边研究、边实践边总结、边论证边应用的过程。节点监控跟踪开发与实施的全过程就是按照边开发边研究、边实践边总结、边论证边应用的工作过程，划分开发节点，确立监控指标，建立专家跟踪小组，实施全过程监控和指导，确保开发工作依照拟设计的目标和方向顺利进行。

（四）工作目标

在政府主导下，充分发挥企业、职业院校、科研院所等社会力量的作用，根据国家职业标准和经济社会发展需要开发“职业培训包”，建立根据“职业培训包”开展职业培训的模式。

2012 年，启动 40 个职业 200 个“培训包”开发工作；2013—2014 年，总结应用“职业培训包”，开发 120 个职业 600 个“培训包”；到 2015 年，基本完成覆盖涉及公共安全、人身健康、生命财产安全等职业（工种），技术技能复杂、从业人员多的 200 个职业 1 000 个“培训包”项目开发任务，通过边开发边推广的方式，重点面向在职职工、职业院校在校生、失业人员三类人群开展职业培训。全面推行职业资格证书制度，使“职业培训包”项目职业的岗位持证率达到 80%以上。

（五）“培训包”框架

培训包框架与内容如下：

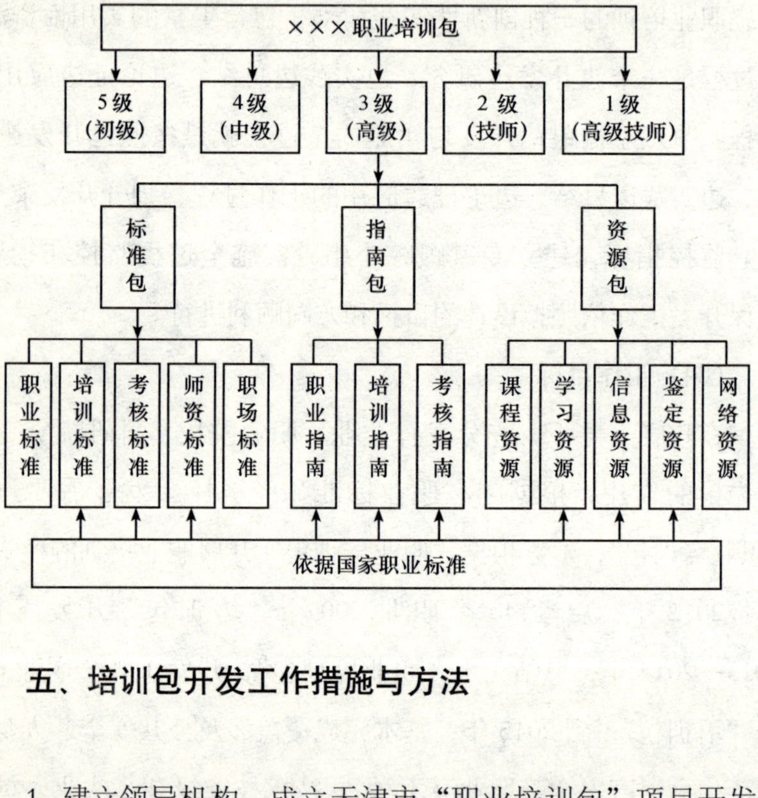

五、培训包开发工作措施与方法

1. 建立领导机构。成立天津市“职业培训包”项目开发工作领导小组（以下简称领导小组），主要职责是统筹协调和组织推动我市“职业培训包”项目开发和实施工作。领导小组下设办公室，负责日常工作，办公室设在市人力社保局。领导小组办公室的职责是：组织召开工作会议，制定工作方案，搞好政策宣传；加强与有关部门的沟通协调，收集和掌握各项工作进展情况，定期向领导小组各成员单位通报相关信息。

2. 纳入市级科研课题规划。将“职业培训包”项目作为专项研究课题，纳入我市“十二五”科研课题规划，实施规范化管理，调动开发人员积极性。

3. 加大资金扶持力度。“职业培训包”开发既是创新性工作也是一项长期性、复杂性、艰巨性工作，需要各方面的支持以及一定的人力、物力和资金投入。

4. 全面推行职业资格证书制度。职业院校和职业培训机构依照“职业培训包”开展灵活多样的培训，经过培训达到“职业培训包”要求的学员，经实际操作考核合格后获得相应职业资格证书。

六、天津市“职业培训包”项目开发流程

“职业培训包”项目工作周期约 8 个月，按“职业培训包”项目开发、试验与改进、验收与发布三个阶段进行，工作程序如下：

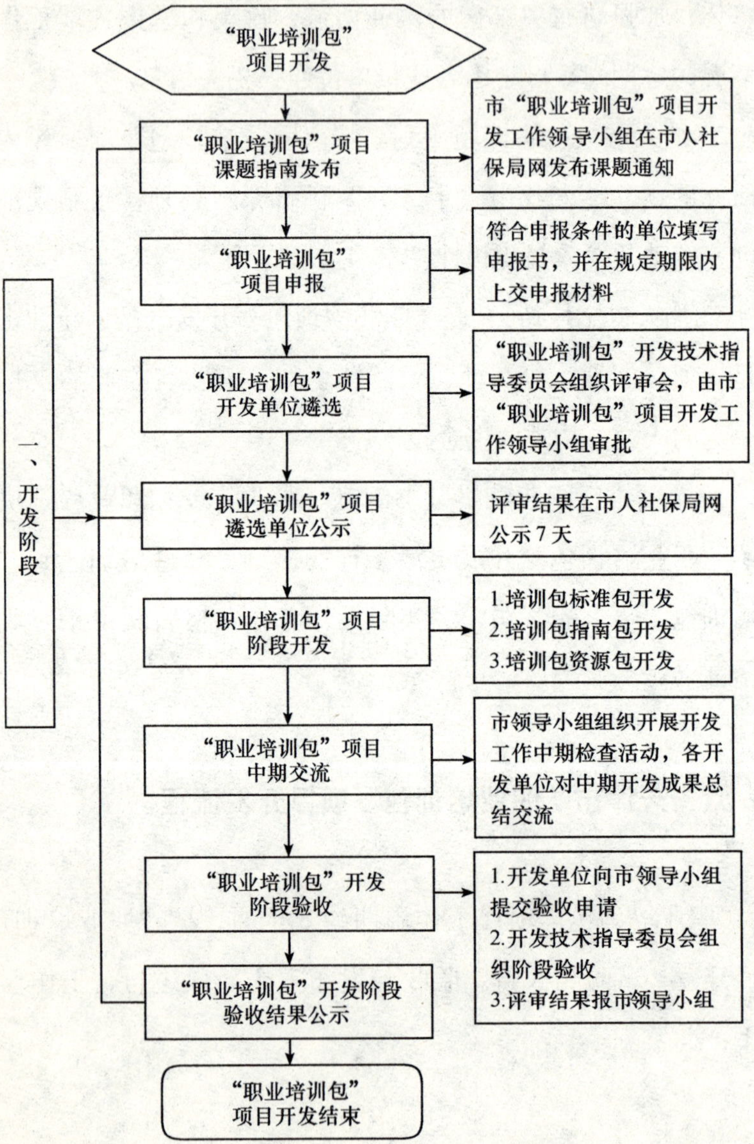
“职业培训包”
项目开发
“职业培训包”项目
课题指南发布
市“职业培训包”项目开发工作领导小组在市人社保局网发布课题通知
“职业培训包”
项目申报
符合申报条件的单位填写申报书，并在规定期限内上交申报材料
“职业培训包”项目
开发单位遴选
“职业培训包”开发技术指导委员会组织评审会，由市“职业培训包”项目开发工作领导小组审批
一、开发阶段
“职业培训包”项目
遴选单位公示
评审结果在市人社保局网公示7天
“职业培训包”项目
阶段开发
1.培训包标准包开发
2.培训包指南包开发
3.培训包资源包开发
“职业培训包”项目
中期交流
市领导小组组织开展开发工作中期检查活动，各开发单位对中期开发成果总结交流
“职业培训包”开发
阶段验收
1.开发单位向市领导小组提交验收申请
2.开发技术指导委员会组织阶段验收
3.评审结果报市领导小组
“职业培训包”开发阶段
验收结果公示
“职业培训包”
项目开发结束

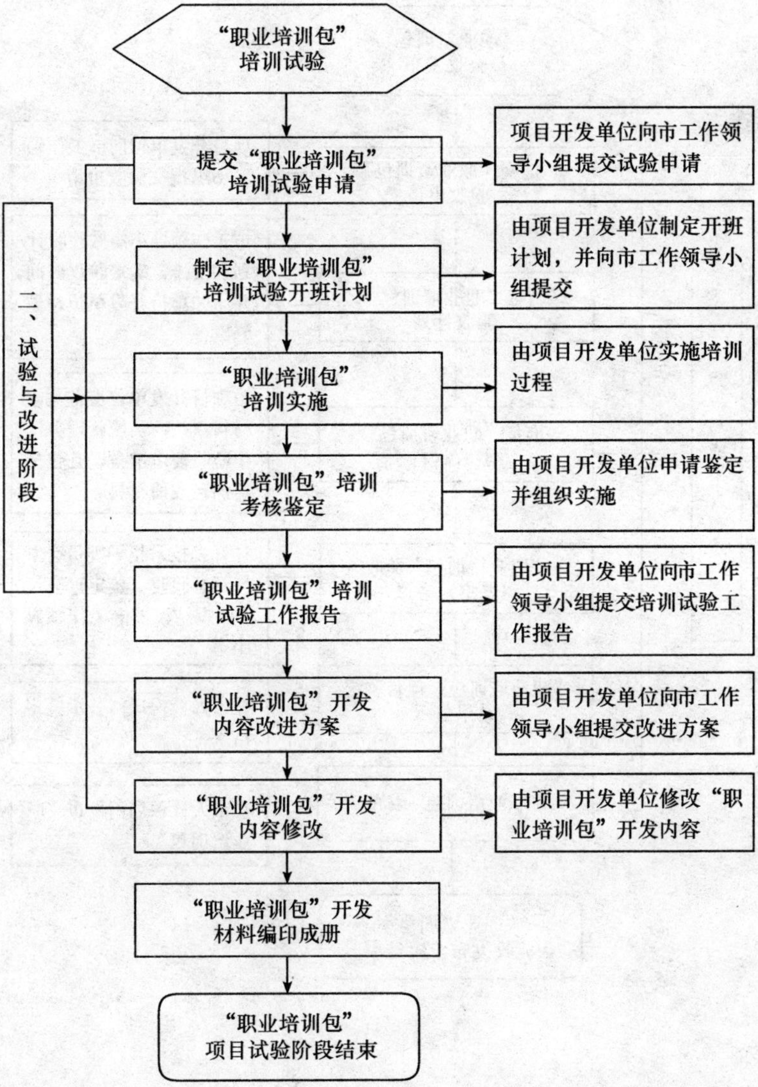

“职业培训包”培训试验
二、试验与改进阶段
提交“职业培训包”培训试验申请
项目开发单位向市工作领导小组提交试验申请
制定“职业培训包”培训试验开班计划
由项目开发单位制定开班计划，并向市工作领导小组提交
“职业培训包”培训实施
由项目开发单位实施培训过程
“职业培训包”培训考核鉴定
由项目开发单位申请鉴定并组织实施
“职业培训包”培训试验工作报告
由项目开发单位向市工作领导小组提交培训试验工作报告
“职业培训包”开发内容改进方案
由项目开发单位向市工作领导小组提交改进方案
“职业培训包”开发内容修改
由项目开发单位修改“职业培训包”开发内容
“职业培训包”开发材料编印成册
“职业培训包”项目试验阶段结束

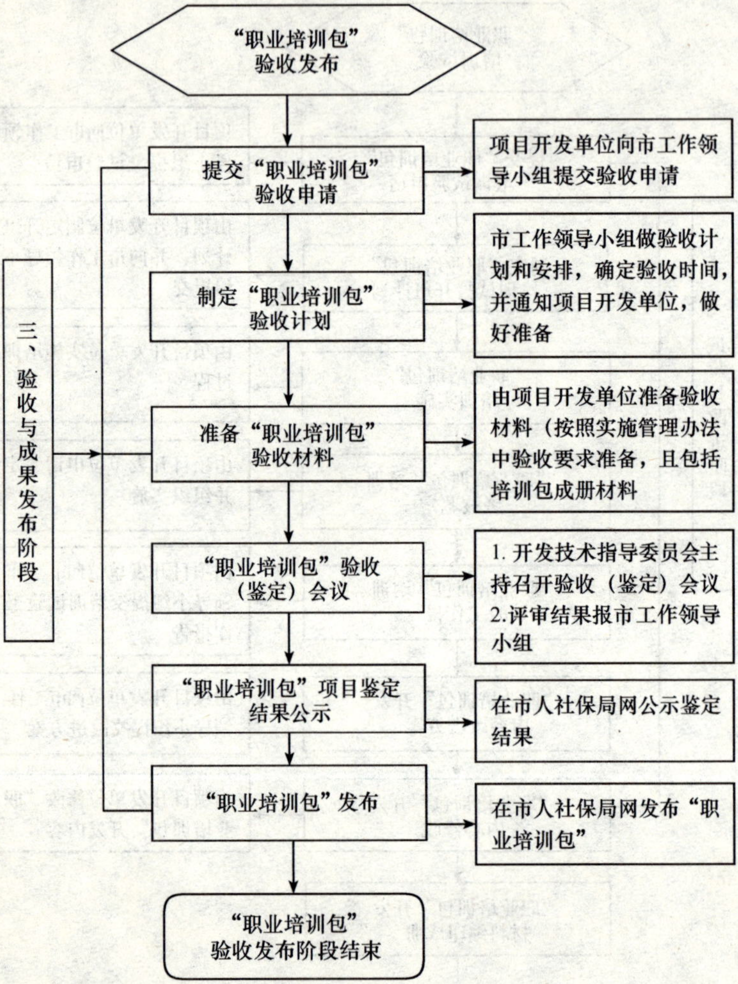
“职业培训包”
验收发布
三、验收与成果发布阶段
提交“职业培训包”验收申请
项目开发单位向市工作领导小组提交验收申请
制定“职业培训包”验收计划
市工作领导小组做验收计划和安排，确定验收时间，并通知项目开发单位，做好准备
准备“职业培训包”验收材料
由项目开发单位准备验收材料（按照实施管理办法中验收要求准备，且包括培训包成册材料
“职业培训包”验收（鉴定）会议
1. 开发技术指导委员会主持召开验收（鉴定）会议
2.评审结果报市工作领导小组
“职业培训包”项目鉴定结果公示
在市人社保局网公示鉴定结果
“职业培训包”发布
在市人社保局网发布“职业培训包”
“职业培训包”
验收发布阶段结束

政策文件

1.关于印发《天津市“职业培训包”项目开发实施方案的通知》（津政办发〔2012〕61号）

2.关于成立天津市“职业培训包”项目开发工作办公室的通知（津人社办发〔2012〕62号）

3.关于公布天津市“职业培训包”项目开发工作领导小组办公室人员组成的通知（津人社办发〔2012〕70号）

4.关于印发《天津市“职业培训包”开发项目招标评标办法》的通知（津人社局发〔2012〕50号）

5.关于推荐天津市“职业培训包”项目开发评审与指导工作专家的通知（津人社办发〔2012〕46号）

6.关于成立天津市“职业培训包”项目开发评审与指导工作专家委员会的通知（津人社局发〔2012〕62号）

7.关于公布首批46个职业202个“培训包”项目开发难易程度的通知（津培训包办字〔2013〕1号）

8.关于召开“职业培训包”项目开发推动暨项目评估细则培训会的通知（津人社办函〔2013〕260号）

1. 关于印发《天津市“职业培训包”项目开发实施方案的通知》（津政办发〔2012〕61号）

关于印发天津市“职业培训包”项目开发实施方案的通知

津政办发〔2012〕61号

各区、县人民政府，各委、局，各直属单位：

经市人民政府同意，现将《天津市“职业培训包”项目开发实施方案》印发给你们，请照此执行。

天津市人民政府办公厅

2012年5月25日

天津市“职业培训包”项目开发实施方案

为贯彻落实《天津市中长期人才发展规划纲要（2010—2020年）》（津党发〔2010〕8号）和《天津市中长期教育改革和发展规划纲要（2010—2012年）》（津党发〔2010〕17号）精神，加快培养高素质劳动者和高技能人才，满足我市经济社会发展和滨海新区开发开放的迫切需要，更好地服务国家发展战略，现就全面开发和推行具有我市特色的“职业培训包”项目工作制定如下实施方案。

一、指导思想和基本原则

（一）指导思想。深入贯彻落实科学发展观，按照以人为本、构建社会主义和谐社会的要求，在国家职业资格证书制度框架体系内，依据国家职业标准，结合我市经济社会发展实际对职业岗位的要求，借鉴国内外开展职业培训的经验，按照需求性、开放性、创新性的原则，先易后难，重点优先，充分覆盖，有计划地开发“职业培训包”，满足我市加快转变经济发展方式、调整优化经济结构对高水平职业培训的需要。

（二）基本原则。“职业培训包”是依据国家职业标准，针对某一职业各层次的培训对象进行职业技能培训的资源总和（包括职业标准、教学内容、教材、教学形式、考核标准、师资标准、实训条件等）。“职业培训包”项目开发和实施要遵循以下原则：

1. 需求性原则。结合我市支柱产业、优势产业对技能人才的需求，根据相关职业工作条件、典型工作任务、综合职业能力要求，在调研、分析的基础上确定开发项目，设置培训课程，精选培训内容。

2. 开放性原则。充分利用社会各类资源，通过项目招标、委托等方式，在行业、企业、职业院校、科研院所、职业培训机构中遴选出承担“职业培训包”项目开发任务的单位。既要根据行业、企业需求，不断拓展“职业培训包”覆盖的职业范围，又要根据职业发展情况，不断调整更新“职业培训包”的内容（如培训项目、培训课程、培训内容等）。

3. 创新性原则。培训内容及时吸纳新技术、新工艺、新设备、新材料，不断创新培训方式方法，开发具有创新性的“立体化”教材，适应培训对象不同层面的需求。

二、工作目标

（一）总体目标。在政府主导下，充分发挥企业、职业院校、科研院所等社会力量的作用，根据国家职业标准和经济社会发展需要开发“职业培训包”，建立根据“职业培训包”开展职业培训的模式。

到 2015 年，基本完成覆盖涉及公共安全、人身健康、生命财产安全等职业（工种），技术技能复杂、从业人员多的 200 个“职业培训包”项目开发任务。

通过边开发边推广的方式，重点面向在职职工、职业院校在校生、失业人员三类人群开展职业培训。“十二五”期间，开展职业技能培训 30 万人次，培养高技能人才 10 万人，其中高级工 8 万人，技师、高级技师 2 万人。

全面推行职业资格证书制度，使“职业培训包”项目职业的岗位持证率达到 80%以上。

（二）年度目标

1. 2012 年，全面启动“职业培训包”项目，制定有关政策、规则，初步建立“职业培训包”项目开发体系，在 40 个重点职业推动“职业培训包”项目开发。

2. 2013—2014 年，全面推动实施“职业培训包”培训模式，进一步完善“职业培训包”项目开发体系和工作机制，在 120 个职业推动“职业培训包”项目开发。

3. 2015 年，在 40 个职业推动“职业培训包”项目开发。全面总结“职业培训包”项目开发实施工作，制定“职业培训包”标准，在全市职业培训中全面推行“职业培训包”。

三、开发方式

（一）优选“职业培训包”项目开发单位。通过科研项目招标方式，面向行业、企业、职业院校、科研院所、社会培训机构等，遴选具备开发条件的单位。

（二）实行“职业培训包”项日管理。按照日标管理与过程管理相结合的方法，制定“职业培训包”项目开发管理办法，严格开发流程，将“职业培训包”项目开发的选题、申报、日常管理、验收等环节全面纳入规范化管理，确保开发质量。

（三）规范“职业培训包”项目开发模式。制定“职业培训包”项目开发指导方案、“职业培训包”项目开发指南等操作性技术文件。

（四）加强组织实施。围绕“职业培训包”项目开发、实施过程，指导职业院校和职业培训机构在教学理念、培养模式、师资培训、教学手段等方面适应新的培训模式，提高职业培训的针对性、实效性。

四、工作措施

（一）加强组织领导。成立天津市“职业培训包”项目开发工作领导小组（以下简称领导小组），主要职责是统筹协调和组织推动我市“职业培训包”项目开发和实施工作。领导小组组长由市人民政府分管负责同志担任，领导小组成员由市人力社保局、市教委、市科委、市建设交通委、市商务委、市财政局、市安全监管局、市质监局、市食品药品监管局、市交通港口局分管负责同志组成。领导小组下设办公室，负责日常工作，办公室设在市人力社保局。领导小组办公室的职责是：组织召开工作会议，制定工作方案，搞好政策宣传；加强与有关部门的沟通协调，收集和掌握各项工作进展情况，定期向领导小组各成员单位通报相关信息。

（二）纳入市级科研课题规划。为加强“职业培训包”项目开发和实施工作，将“职业培训包”项目作为专项研究课题，纳入我市“十二五”科研课题规划，实施规范化管理。

（三）加大资金扶持力度。加强“职业培训包”项目开发资金的筹集，一是从市就业专项资金中划拨一定经费，二是从市级专项科研课题经费中给予支持。按照需求引导培训、等级对应补贴的原则，依社会需求程度购买培训成果，分类别解决不同人群、不同职业的培训经费来源问题。

（四）全面推行职业资格证书制度。职业院校和职业培训机构依照“职业培训包”开展灵活多样的培训，经过培训达到“职业培训包”要求的学员，经实际操作考核合格后获得相应职业资格证书。

（五）结合“职业培训包”项目开发、实施，围绕职业培训和技能人才培养的理念、模式、手段等，通过“走出去”、“请进来”，加强和先进国家的交流与合作。

（六）各有关部门和单位要充分认识“职业培训包”项目对提升劳动者素质、促进产业调整升级、加快转变发展方式的重要意义，积极推动各项工作。要充分发挥新闻媒体的作用，加强宣传引导，广泛吸引社会力量积极参与、支持“职业培训包”项目开发和实施工作。

2. 关于成立天津市“职业培训包”项目开发工作办公室的通知（津人社办发〔2012〕62号）

市人力社保局关于成立天津市“职业培训包”项目开发工作办公室的通知

津人社办发〔2012〕62号

局机关各处室，局属各有关单位：

为做好“职业培训包”项目开发工作，根据《天津市“职业培训包”项目开发实施方案》（津政办发〔2012〕46号）的要求，市政府成立了由分管市领导担任组长、市人力社保局等十个委局为成员单位的领导小组，并且下设由领导小组成员单位相关处室负责人组成的办公室，领导小组办公室设在我局。为此，我局拟成立“职业培训包”项目开发工作办公室，由局内相关部门的人员组成。现就有关事宜通知如下：

一、主要职责

工作办公室负责“职业培训包”项目开发日常工作，主要职责是：

（一）起草“职业培训包”项目开发文件。

（二）制定项目开发年度实施方案。

（三）协调领导小组各成员单位。

（四）协调有关部门将“职业培训包”开发纳入市级科研项目。

（五）遴选项目开发评标专家和开发指导委员会专家。

（六）组织召开开发项目公开招标发布会。

（七）审核、汇总项目开发申报材料。

（八）组织项目开发评标工作。

（九）审核项目开发实施方案。

（十）组织项目开发中期评审、结题评审和成果验收工作。

（十一）制定鉴定试题开发（卷库）标准。

（十二）提出项目开发资金资助建议。

（十三）负责项目开发宣传工作。

（十四）起草项目开发汇报材料。

（十五）负责项目开发其他工作。

二、组成人员

主　　　任：于茂东　副局长
常务副主任：李树岭　局职业能力建设处处长
副　主　任：赵　政　局就业促进处处长
　　　　　　张瑞林　市职业技能鉴定指导中心主任
　　　　　　李惠廷　市职业介绍服务中心主任
　　　　　　杜　辉　市就业训练中心主任
　　　　　　李　钰　市职业技能培训研究室主任
成　　　员：李　茹　天津职业大学教授、技能鉴定所长
　　　　　　王玉涛　局技师学院院长
　　　　　　杨金国　市电子信息技师学院调研员、原院长
　　　　　　杨振江　局职业能力建设处副处长
　　　　　　徐　强　市职业介绍服务中心副主任
　　　　　　李维静　市职业技能鉴定指导中心主任助理
　　　　　　曹亚新　局就业促进处干部
　　　　　　张京春　市职业技能鉴定指导中心干部
　　　　　　李　玉　市职业技能鉴定指导中心干部

康立红　市职业介绍服务中心干部

王明茹　市职业技能培训研究室教师

张　强　市就业训练中心教师

陈　巍　市职业培训协会工作人员

三、办公地点

“职业培训包”项目开发工作办公室设在局职业能力建设处，办公地点在黑牛城道40号（2号楼内），电话：28305936。

天津市人力资源和社会保障局办公室

2012年11月10日

（此件依中请公丌）

3. 关于公布天津市“职业培训包”项目开发工作领导小组办公室人员组成的通知（津人社办发〔2012〕70号）

市“职业培训包”项目开发工作领导小组办公室关于办公室人员组成的通知

津人社办发〔2012〕70号

各区、县人力社保，各委、局（集团公司）人力社保部门，各有关单位：

根据市政府办公厅《关于印发天津市“职业培训包”项目开发实施方案的通知》（津政办发〔2012〕61号），天津市“职业培训包”项目开发工作领导小组办公室设在市人力资源和社会保障局，现将办公室成员名单通知如下：

主　任：于茂东　市人力社保局副局长

副主任：刘　欣　市教育委员会副主任

成　员：李树岭　市人力社保局职业能力建设处处长

杨振江　市人力社保局职业能力建设处副处长

杨荣敏　市教育委员会高职高专处副处长

金双龙　市科学技术委员会基础研究处处长

闫　志　市人民政府国有资产监督管理委员会、业绩考核与薪酬管理处调研员

于金生　市城乡建设和交通委员会人事教育处副处长

杨　哲　市财政局社会保障处副处长

田津东　市安全生产监督管理局人事教育处处长

邹　刚　市质量技术监督局组织人事处处长

葛振良　市食品药品监督管理局人事处处长

祁家林　市交通运输和港口管理局运输组织处处长

市"职业培训包"项目开发工作领导小组办公室

2012年12月3日

4. 关于印发《天津市“职业培训包”开发项目招标评标办法》的通知（津人社局发〔2012〕50号）

市人力社保局关于印发《天津市“职业培训包”开发项目招标评标办法》的通知

津人社局发〔2012〕50号

各区（县）人力资源和社会保障局，各委、局（集团公司）人力社保部门，各有关单位：

现将《天津市“职业培训包”开发项目招标评标办法》印发给你们，请遵照执行。

附件：天津市“职业培训包”开发项目招标评标细则

天津市人力资源和社会保障局办公室

2012年8月21日

（此件依申请公开）

天津市“职业培训包”开发项目招标评标办法

第一条 为规范“职业培训包”开发项目招标评标工作，优选“职业培训包”项目开发单位，确保开发质量，根据市政府办公厅《关于印发天津市“职业培训包”项目开发工作实施方案》(津政办发〔2012〕61号)，结合实际，制定本办法。

第二条 评标原则。“职业培训包”项目开发评标遵循公平、公正、择优原则，依据招标条件、要求和程序，对所有合格投标文件和条件进行评估、比较、选择。

第三条 评标委员会。评标委员会由招标人代表、职业培训专家5～7人组成。职业培训专家由天津市“职业培训包”项目开发领导小组办公室（以下简称“市办公室”）从职业培训专家库中选取。

第四条 评标委员会职责：

（一）提供真实、可靠的评标意见。

（二）遵守职业道德，对所提出的评标意见承担责任。

（三）遵守评标工作纪律，不向外透露对评标文件评估、比较、选择以及与评标有关的情况。

（四）发现投标人有不正当竞争等行为，应及时向市办公室报告并加以制止。

第五条 申报项目开发单位应具备以下条件：

“职业培训包”项目申报单位和项目合作单位必须是具有独立法人资质，运行机制健全，内部管理规范的行业、企业、职业院校、科研院所、职业培训机构等。

第六条 申报项目开发负责人应具备以下条件：

（一）具有职业培训领域从业经历或管理经验的在职人员。

（二）具有副高级及以上专业技术职称或具有高级技师职业资格。

（三）具有承担组织、指导开发项目实施的能力，能够从事实质性开发工作。

（四）每人一次只能申请主持一个开发项目，参加项目不超过两项。项目验收通过前、验收未通过或出现重大失误者不得申报新项目。

第七条 评标程序：

（一）资格审查。市办公室按本办法及有关要求进行资格审查，合格者进入初评，并按职业类别分组。

（二）评审。依据《天津市“职业培训包”开发项目招标评标细则》，评审组成员通过听取项目负责人汇报、查阅资料、质询等形式进行评审，提出立项建议。

（三）公示。评审结果在市人力资源和社会保障局网站公示，任何单位和个人对公布的开发项目权属如有异议，在公示期内均可向市办公室提出书面意见。

（四）审批。公示期后，市办公室对拟立项项目进行审核、汇总，并依据项目平均资助强度和立项项目的实际需要，提出资助经费额度建议，报市人力社保局审批。

第八条 项目开发启动。市办公室将批准立项项目通知中标项目负责人，中标项目负责人在接到立项批准通知后一个月内确定具体的项目开发实施方案，报经市办公室审核同意后，启动开发工作。

第九条 本办法自2012年8月1日起实施，2017年8月1日废止。

本办法由市“职业培训包”项目开发领导小组办公室负责解释。

附件

天津市"职业培训包"开发项目招标评标细则

<table>
<tr><td colspan="2">申报单位名称</td><td colspan="4"></td><td>总得分</td><td></td></tr>
<tr><td colspan="2">单位类型</td><td colspan="6">□行业（委、局、集团公司） □企业 □职业院校
□科研院所 □职业培训机构 □其他______</td></tr>
<tr><td colspan="2">开发职业名称</td><td colspan="2"></td><td>职业代码</td><td></td><td>等级</td><td></td></tr>
<tr><td>条</td><td>内容</td><td>目</td><td colspan="3">细则</td><td>配分</td><td>得分</td></tr>
<tr><td>一</td><td>申报书质量（3分）</td><td>1</td><td colspan="3">申报书填写规范、完整，整体质量好</td><td>3</td><td></td></tr>
<tr><td rowspan="3">二</td><td rowspan="3">申报单位条件（20分）</td><td>2</td><td colspan="3">具有职业技能鉴定资质</td><td>5</td><td></td></tr>
<tr><td>3</td><td colspan="3">运行机制健全，内部管理规范</td><td>5</td><td></td></tr>
<tr><td>4</td><td colspan="3">申报单位大力支持，积极提供开发条件、人员、财务保障</td><td>10</td><td></td></tr>
<tr><td rowspan="3">三</td><td rowspan="3">项目负责人条件（16分）</td><td>5</td><td colspan="3">具有职业培训领域从业经历或管理经验，在岗职工</td><td>4</td><td></td></tr>
<tr><td>6</td><td colspan="3">具有副高级及以上专业技术职称或高级技师职业资格</td><td>4</td><td></td></tr>
<tr><td>7</td><td colspan="3">具有承担组织、指导开发项目实施的能力，能够从事实质性开发工作</td><td>4</td><td></td></tr>
</table>

续表

条	内容	目	细则	配分	得分
三	项目负责人条件（16分）	8	未主持、参加在开发项目，未出现过项目开发重大失误	4	
四	项目应用单位条件（12分）	9	具有相应职业和等级培训资质	4	
		10	具备相应培训设施设备和教师	4	
		11	具有相关职业培训经验	4	
五	项目设计论证（40分）	12	“职业培训包”项目功能齐备	3	
		13	开发目标定位准确	3	
		14	验收要点明晰、齐全、可操作	3	
		15	项目开发指导思想明确，总体思路正确清晰	3	
		16	立项依据充分，培训需求调研具有代表性、科学性	3	
		17	拥有培训资源和有利条件充分，资源有出处，版本清楚	3	
		18	项目组人员数量足、结构合理，职业培训经验丰富，开发能力强，满足项目开发需求	4	

续表

条	内容	目	细则	配分	得分
五	项目设计论证（40分）	19	项目完成后对职业培训质量和数量推动作用明显	3	
		20	项目开发内容完整、丰富、表述准确	3	
		21	项目开发重点突出，攻克难点有可行措施	3	
		22	项目开发进度安排合理	3	
		23	开发完成后提交验收的成果清单简单、明了、清晰，可操作性强	3	
		24	项目实施方案科学合理，清晰完整，可操作性强	3	
六	经费预算（9分）	25	预算合理	3	
		26	依据可靠	3	
		27	来源可行	3	

5. 关于推荐天津市“职业培训包”项目开发评审与指导工作专家的通知（津人社办发〔2012〕46号）

市人力社保局关于推荐天津市“职业培训包”项目开发评审与指导工作专家的通知

津人社办发〔2012〕46号

各区、县人力资源和社会保障局，各委、局（集团公司）人力社保部门，各职业院校和培训机构，各职业技能鉴定机构，各有关单位：

为认真落实《天津市“职业培训包”项目开发实施方案》（津政办发〔2012〕61号）要求，确保“职业培训包”项目开发的科学性和权威性，决定面向社会遴选“职业培训包”项目开发评审与指导工作专家，请做好推荐工作。现就有关事宜通知如下：

一、专家产生范围

各行业主管部门、企业、科研院所，职业院校和培训机构，从事技术、科研、教学以及管理工作的专家学者。

二、专家推荐条件

（一）“职业培训包”项目开发评审与指导工作专家应具备以下基本条件：

1. 具有良好的道德素质和职业素质，公道正派，科学严谨，认真负责，坚持原则。

2. 熟悉国家职业标准和职业培训法律法规。

3. 身体健康，年龄男在65周岁以下，女在60周岁以下。

（二）“职业培训包”项目开发评审与指导工作专家还应具备以下条件之一：

1. 享受国务院特殊津贴的各行各业专家、学者。

2. 普通高校、高职院校、高级技工学校学科带头人、骨干教师和行政负责人。

3. 重点、龙头企业和科研院所具有副高级及以上职称的专业技术和科研人员。

4. 委局、集团公司具有副高级及以上职称的管理和技术专家。

5. 获得中华技能大奖、全国及省、部（市）级技术能手、有突出贡献技师、享受国务院特殊津贴称号以及其他具有高级技师职业资格的高技能人才。

三、推荐专家名额

每单位每个专业推荐的专家原则上不超过 3 人。

四、专家主要职责

全市建立专家库，市“职业培训包”项目开发工作领导小组办公室根据评审需要，选取相关专业的专家，参加天津市“职业培训包”项目开发的评标、技术审查、成果验收和咨询指导等工作。

五、推荐方式

各单位遴选符合推荐条件的专家，填写《天津市“职业培训包”项目开发评审验收工作专家推荐表》（样式附后，可从市人力资源和社会保障局网站下载，网址：www.tj.lss.gov.cn），于2012年10月20日前报送天津市“职业培训包”项目开发工作领导小组办公室。市“职业培训包”项目开发工作领导小组办公室将符合条件人员纳入专家库管理。

联系人：王明茹

联系电话：28305936（传真）

电子邮箱：tjpxb2012@163.com

地址：天津市河西区黑牛城道40号（天津市职业技能鉴定指导中心院内）

附件：天津市“职业培训包”项目开发评审与指导工作专家推荐表

天津市人力资源和社会保障局办公室

2012年10月6日

（此件依申请公开）

附件

天津市“职业培训包”项目开发评审与指导工作专家推荐表

<table>
<tr><td>推荐专家
的
行业领域</td><td colspan="5">□机械 □电力 □航空航天 □冶金 □石油化工
□纺织 □铁道 □新闻出版 □交通 □广播影视
□食品 □电子 □化学工业 □医药 □汽车制造
□建设 □船舶 □中医药 □农业 □居民服务
□燃气 □商业 □技术监督 □钟表 □餐饮服务
□旅游 □邮政 □计算机信息 □其他________</td><td colspan="2" rowspan="2">正面免冠
彩色照片
（2 寸）</td></tr>
<tr><td>专家姓名</td><td></td><td>性别</td><td></td><td>出生日期</td><td></td></tr>
<tr><td>政治面貌</td><td></td><td>民族</td><td></td><td>身体状况</td><td></td><td>学历</td><td></td></tr>
<tr><td>技术职称</td><td colspan="3"></td><td>级别</td><td colspan="3"></td></tr>
<tr><td>职业资格</td><td colspan="3"></td><td>等级</td><td colspan="3"></td></tr>
<tr><td>身份证号码</td><td colspan="4"></td><td>从事专业</td><td colspan="2"></td></tr>
<tr><td>毕业院校</td><td colspan="4"></td><td>所学专业</td><td colspan="2"></td></tr>
<tr><td>工作单位</td><td colspan="4"></td><td>行政职务</td><td colspan="2"></td></tr>
<tr><td>通讯地址</td><td colspan="4"></td><td>邮政编码</td><td colspan="2"></td></tr>
<tr><td>固定电话</td><td colspan="3"></td><td>传真</td><td colspan="3"></td></tr>
<tr><td>手机</td><td colspan="3"></td><td>E-mail</td><td colspan="3"></td></tr>
<tr><td>推荐专家
主要学习
培训经历</td><td colspan="7"></td></tr>
</table>

续表

推荐专家专业领域主要工作经历	
推荐专家专业领域教学、科研、专著、奖励等主要业绩和成果	
推荐单位意见	（盖章） 负责人签字：　　　　年　　月　　日
领导小组办公室认定意见	

说明：请于2012年10月20日前将此表及推荐专家身份证、学历证书、荣誉证书、职称证书、职业资格证书等复印件和其他证明材料，报天津市“职业培训包”项目开发领导小组办公室（河西区黑牛称道40号，电话：28305836）。

6. 关于成立天津市“职业培训包”项目开发评审与指导工作专家委员会的通知（津人社局发〔2012〕62号）

市人力社保局关于成立天津市“职业培训包”项目开发评审与指导工作专家委员会的通知

津人社局发〔2012〕62号

各区、县人力社保局，各委、局（集团总公司）人力资源和社会保障部门，各职业院校和培训机构，各职业技能鉴定机构，各有关单位：

为加强“职业培训包”项目开发的指导，确保项目开发的科学、公正、权威和实用，根据市政府办公厅《关于印发天津市“职业培训包”项目开发实施方案的通知》（津政办发〔2012〕61号），拟成立天津市“职业培训包”项目开发评审与指导工作专家委员会。现就有关问题通知如下：

一、专家委员会的主要任务

（一）负责“职业培训包”项目开发招标申报评审。

（二）负责“职业培训包”项目开发过程跟踪、咨询和指导。

（三）负责“职业培训包”项目开发中期和结题的评估、验收评审。

二、专家委员会组成原则

专家委员会是在各单位按照《市人力社保局关于推荐天津市“职业培训包”项目开发评审与指导工作专家的通知》（津人社办发〔2012〕46号）推荐的基础上，经评审确定。

三、专家委员会管理

专家委员会实行动态管理，市人力社保局负责遴选聘任、考核评估、专家变更等工作。市人力社保局“职业培训包”项目开发工作办公室负责专家委员会的日常工作。

本次聘任专家委员会委员463人，今后，将根据“职业培训包”项目开发工作需要，对专家库进行补充。

四、专家委员会组成人员

主任委员

于茂东　市人力社保局　副局长

副主任委员

孟庆国　天津职业技术师范大学　校长、教授

董　刚　天津职业大学　校长、教授

张兴会　天津中德职业技术学院　院长、教授

赵京华　天津广播电视大学　副校长、教授

张天华　天津市燃气集团　总经理

金兆祥　天津市中新药业有限公司　副厂长、总工程师

韩子森　天津赛象科技股份有限公司　副总经理、高工

张贤成　天津七六四通信导航技术有限公司　副董事长、经理、高工

徐懋生　天津航空机电有限公司　原总工、天津市131第二层次人才评委会主任

叶　晨　天津市亚安科技股份有限公司　总经理、副高

邸长友　中国石化集团第四建设有限公司　副总经理、教授级高工、一级建造师

委员

专家委员会成员根据“职业培训包”项目开发需要，从天津市“职业培训包”项目开发评审与指导工作专家库（详见附件）入选专家中选聘。

附件：天津市“职业培训包”项目开发评审与指导工作专家库入选专家名单

天津市人力资源和社会保障局办公室

2012年11月20日

（此件依申请公开）

附件

天津市“职业培训包”项目开发评审与指导工作专家库入选专家名单

序号	单位	姓名	学历	技术职称/等级	职业资格/等级	备注
1	天津航空机电有限公司	陈万华	本科	研究员级高工		
		张宝	本科	高级工程师		
		王宝军	本科	高级工程师		
		吴珞	本科	高级工程师		
2	天津中新药业集团	周鸿	硕士	高级工程师	执业中药师	
		游强蓁	本科	工程师	执业药师	副总工
		元英群	本科	副主任中药师		副总经理
3	天津宝城机械集团	文武	大专		高级技师（电焊工）	
		刘志久	本科	高级工程师	高级技师（电焊工）	

续表

序号	单位	姓名	学历	技术职称/等级	职业资格/等级	备注
4	天津曹氏锅炉有限公司	刘春妹	硕士研究生	高级工程师	压力容器设计证书、锅炉压力容器评定（D级）	总工程师
		侯淑珍	本科	高级工程师	压力容器设计证书	
5	天津天纺投资控股有限公司	李树春	大专	副高级工程师	高级工（维修电工）	
		李虹英	研究生同等学历	高级工程师	高级职业经理人	
		闫江荣	研究生同等学历	高级工程师		
		刘生友	大专	助理工程师	高级技师（纺织设备保全工）	

续表

序号	单位	姓名	学历	技术职称/等级	职业资格/等级	备注
6	空中客车(天津)总装有线公司	江涛	本科	高级工程师		
7	天津海鸥表业集团有限公司	王彩凤	本科	副高级工程师		
		任京红	大专	高级工程师	二级企业培训师	
		穆怀琪	初中		高级技师	
8	天津津重重工机器设备制造有限公司	李光		高级工程师		总工程师
		王凤海			高级技师	
9	天津立林机械集团有限公司	罗庆生	本科	高级工程师		
10	天津七六四通信导航技术有限公司	万文雅	大专		高级技师（无线电装接工）	

续表

序号	单位	姓名	学历	技术职称/等级	职业资格/等级	备注
10	天津七六四通信导航技术有限公司	韩亚洲	本科	高级工程师（通信及广播电视）		副经理
11	天津荣程联合钢铁集团有限公司	陈丰	本科	高级工程师		
12	天津赛象科技股份有限公司	范宇光	本科	高级工程师		研究院院长
		施政敏	本科	高级工程师		总工程师
		张晨	本科	高级工程师		研究院副院长
13	天津天软人才基地管理有限公司	张建勇	博士	高级工程师		副总经理

续表

序号	单位	姓名	学历	技术职称/等级	职业资格/等级	备注
14	天津市燃气集团有限公司	张大刚	研究生	副高级工程师	国际注册管理咨询师	副总经理
		姜念	本科	高级工程师	职业经理人（中级）	总工程师
15	中国石化集团第四建设有限公司	缪维	本科	高级工程师		经理
		张瑞环	本科	高级工程师		总工程师
		张洪文	本科	高级工程师		副总工程师
		王娟	本科	高级工程师		
		杨新和	本科	高级工程师		
		李雪梅	本科	高级工程师		

续表

序号	单位	姓名	学历	技术职称/等级	职业资格/等级	备注
15	中国石化集团第四建设有限公司	仇俊岳	本科	高级工程师		副总工程师
		陈玉清	本科	高级工程师		
		黄继强	大专	高级工程师		
		杨德胜	本科	教授级高级工程师	一级建造师	副总经济师
		肖然	本科	高级工程师		
		张甫桃	大专	高级工程师		
16	天津达仁堂京万红药业有限公司	董村	本科	高级工程师	执业药师	总工程师
17	天津市中药饮片厂有限公司	曹丽娟	本科	副主任中药师	技师（中药购销员）	质量总监

续表

序号	单位	姓名	学历	技术职称/等级	职业资格/等级	备注
18	天津瑞澄大药房连锁有限公司	闵丽	本科	高级工程师	执业药师	总经理
19	国药控股天津北方医药有限公司	张佩	研究生	副主任医师	职业药师	
20	天津市鑫盛远大投资有限公司	高振旺	本科	高级工程师		
21	天津市交通集团有限公司	刘亚平	研究生	高级工程师		副总工程师
22	天津恒盛鑫源建筑公司	傅保禄	本科	高级工程师		
23	天津市道路桥梁管理处	罗炎平	本科	高级工程师		

续表

序号	单位	姓名	学历	技术职称/等级	职业资格/等级	备注
24	天津市道路桥梁管理处质量监督站	闫石	本科	高级工程师		
25	天津市公路处	冯秋生	本科	高级工程师		
		周培柏	本科	高级工程师		
		曾水泉	本科	高级工程师	监理工程师、试验检测高级工程师	副总工程师
26	天津市公路养护工程处	孙永兴	大专	高级工程师		
27	天津市津南区北闸口建筑工程公司	滕奉季	本科	高级工程师（土木建筑）	二级建造师	经理

续表

序号	单位	姓名	学历	技术职称/等级	职业资格/等级	备注
28	天津市津南区辛庄镇政府	李宗泽	中专	工程师（建筑施工）		
29	滨海供电分公司	吴善勇	大专		高级技师	
		杨惠林	大专	工程师	高级技师	
		孙云东	本科	助理工程师	高级技师	
		陈其三	大专	高级工程师	高级技师	
30	天津市电力公司城西供电分公司	孙斌	大专	助理级	高级技师（装表接线工）	
		李宝年	中专		技师（电力电缆工）	
		高媛	本科	高级工程师	高级人力资源管理师	

续表

序号	单位	姓名	学历	技术职称/等级	职业资格/等级	备注
31	天津市电力公司检修公司	王海涛	本科		高级技师（输电线路运行与检修）	
		许想奎	本科	工程师（电力工程技术）	技师（变电检修工）	
		陈建	硕士	工程师（电力工程技术）	技师（电网调度自动化运行值班员）	
		赵晓鹏	大专	助理工程师	高级技师（变电检修工）	副总工程师
		温红旗	中专	助理工程师	高级技师（电气试验工）	

续表

序号	单位	姓名	学历	技术职称/等级	职业资格/等级	备注
31	天津市电力公司检修公司	白永磊	本科	高级工程师（电力工程技术）	高级技师（电网调度自动化厂站端调试检修员）	
32	协和干细胞基因工程有限公司	陈勇	本科	高级工程师		
33	天津市医科大学附属肿瘤医院	郝淳敏	本科	研究员	医师	
34	天津市医学会	张河	本科	副主任医师		秘书长
35	天津市工业微物研究所有限公司	许勤虎	本科	正高级工程师	注册咨询工程师	所长
36	天津市现代健康技术研究所	郑运良	硕士	研究员	一级营养师	所长

续表

序号	单位	姓名	学历	技术职称/等级	职业资格/等级	备注
37	中国科学院天津工业生物技术研究所	付绍平	博士	副研究员		
		郭瑞庭	博士	研究员		
		田朝光	博士	研究员		
		郑平	博士	副研究员		
		暴云娟	博士	副研究员		
38	天津市医药集团公司	齐铁栓	本科	高级政工师		
39	天津市中新药业中新制药厂	凌宁生	博士	正高级工程师		厂长
40	天津华立生物工程有限公司	闫凤英	博士	高级政工师		副经理兼总工程师

续表

序号	单位	姓名	学历	技术职称/等级	职业资格/等级	备注
41	天津力神电池股份有限公司	衣思平	研究生	高级政工师		副总工程师
42	天津市滨海汉沽人大饍酒家	张长河	大专	中国烹饪大师，国际烹饪大师	高级技师	总经理
43	天津市宁河宾馆（四星级）	于德良	本科		高级技师（中式烹调师）	餐饮总监
44	天津医科大学	张清	硕士	教授		
		张竞超	硕士	教授		
		张彦文	硕士	教授		
		李海东	博士后	教授		
		何景华	博士	教授		

续表

序号	单位	姓名	学历	技术职称/等级	职业资格/等级	备注
44	天津医科大学	张万起	博士	教授		
		汤乃军	博士	教授		
		赵岳	研究生	教授	护士职业资格	
		王春梅	硕士	教授		
		段宏泉	博士	教授		
		王润玲	博士	教授		
45	天津科技大学	杨世凤	博士	教授		
		肖冬光	研究生	教授	高级酿酒师	
		李振亮	本科	教授、高级工程师	博导	总工程师
46	天津职业技术师范大学	杨兰福	本科	副教授	技师	
		孙奇涵	研究生	教授		副校长

续表

序号	单位	姓名	学历	技术职称/等级	职业资格/等级	备注
46	天津职业技术师范大学	申荣卫	博士	教授	高级工（汽车维修工）	
		魏健	研究生	高级实验师	技师（汽车维修工）	
		王凤忠	本科	高级实验师	高级技师（汽车维修工）	
		黄彦	研究生	副教授		
		刘光然	研究生	教授		
		徐棣	本科	副教授		
		邵恒	本科	副教授		
		刘东明	研究生	讲师		

续表

序号	单位	姓名	学历	技术职称/等级	职业资格/等级	备注
46	天津职业技术师范大学	魏长增	本科	教授	陈列展览设计师	
		孙爽	本科	教授	高级制图员	
		吴立国	研究生	工程师	高级技师（加工中心）	
		阎兵	博士	教授		
		徐国胜	研究生	高级实验师	高级技师（数控车工）	
		袁名伟	研究生	副教授	高级技师（数控车工）	
		谭积明	本科	高级实验师	高级技师（加工中心）	

续表

序号	单位	姓名	学历	技术职称/等级	职业资格/等级	备注
46	天津职业技术师范大学	胡山	研究生	副教授	技师（维修电工）	
		田立国	研究生（博士在读）	教授	高级工（维修电工）	
		崔世钢	博士后	教授		
		储健	研究生	教授、工程师（制冷、电气）		
		郑桐	本科	高级实验师	高级（工业自动化仪器仪表装置，维修电工）	
		王东涛	博士	教授		

续表

序号	单位	姓名	学历	技术职称/等级	职业资格/等级	备注
46	天津职业技术师范大学	张炼周	研究生	副教授		
		郝海	博士后	副教授		
		齐莉丽	博士	副教授	二级电子商务师	
		李杰	研究生	教授	高级技师（无线电调试工）	
		胡建明	本科	实验师	技师（家电维修）	
		杨旭	研究生	高级实验师	高级技师（无线电调试）	
		雷云涛	本科	副教授	高级技师（维修电工）	
		杨宗强	本科	高级工程师	技师（维修电工）	
		闫虎民	本科	高级实验师	技师（维修电工）	

续表

序号	单位	姓名	学历	技术职称/等级	职业资格/等级	备注
47	天津城市建设学院	龚威	研究生	教授、正高级工程师		
		黄民德	研究生	教授	一级电气工程师	副院长
		苏刚	博士	教授		
48	天津广播电视大学	赵京华	博士	教授		副校长
		杨顺起	本科	研究员		
		王有起	本科	教授		
		方子春	本科	教授		
49	天津市广播电视大学宁河分校	李建国	本科	高级讲师	技师（车工）	
50	天津职业大学	王珑	本科	教授	高级职业经理人	
		李凌	研究生	教授	Photoshop 高级	

续表

序号	单位	姓名	学历	技术职称/等级	职业资格/等级	备注
50	天津职业大学	贾海瀛	本科	教授	计算机辅助设计（绘图员）	
		孙惠芹	本科	副教授	技师（无线电调试工）	
		孙诚	本科	教授		副校长
		李晶华	研究生	教授	高级技师（汽车维修）	
		袁秀英	本科	教授	高级维修电工考评员、高级可编程序系统设计师	
		郭英凯	本科	教授	技师（化学检验工）	

续表

序号	单位	姓名	学历	技术职称/等级	职业资格/等级	备注
50	天津职业大学	徐文苑	本科	教授	技师	
		聂云	本科	教授	技师	
		王立书	本科	高级实验师	高级技师（眼镜验光和定配）	
		张荃	本科	高级实验师	高级技师（眼镜验光和定配）	
		高雅萍	本科	教授	高级技师（眼镜验光和定配）	
		秦万忠	本科	正高级工程师	中级（钳工）	
		秦曼华	本科	教授	高级技师	
		邹吉权	博士	教授	高级技师（热处理）	

续表

序号	单位	姓名	学历	技术职称/等级	职业资格/等级	备注
50	天津职业大学	刘培琴	本科	副教授	技师	
		郝晓秀	博士	教授	高级工（平版印刷工）	
		陈艳麒	本科	教授		
		赵学昌	研究生	副教授	中级工（养老护理员）	
		李霞	研究生	教授	执业药师	
		孔令来	本科	教授	高级技师	
		邓恩远	本科	教授	高级职业指导师	
		孟祥双	本科	教授	中级数据库管理师、应用程序设计	

续表

序号	单位	姓名	学历	技术职称/等级	职业资格/等级	备注
50	天津职业大学	丁桂芝	本科	教授		
		张小文	本科	副教授	技师（图像图形操作员）	
		康晓明	在职研	教授	技师（维修电工）	
		李茹	本科	教授	技师（数控车工）	
51	天津中德职业技术学院	丁娜仁花	研究生	副教授	高级工（钳工）	
		邹炳燕	本科	高级工程师		
		杜慧起	硕士	讲师	技师（汽车维修工）	
		宋长健	本科	讲师		

续表

序号	单位	姓名	学历	技术职称/等级	职业资格/等级	备注
51	天津中德职业技术学院	杨健	研究生	副教授		
		李颖	本科	副教授		
		翟林	本科	副教授	技师	
		杨中力	本科	高级工程师		
		左维	本科	高级工程师		
		牛云陞	本科	副教授	二级（智能楼宇管理师）	
		孙海维	本科	副教授		
		王秀英	工程硕士	副教授	中级（微软认证技术专家）	
		孙锋	硕士	副教授	高级技师（计算机软件产品检验员）	

续表

序号	单位	姓名	学历	技术职称/等级	职业资格/等级	备注
52	天津现代职业技术学院	孙勇民	本科	教授	高级技师	副院长
		王芃	本科	教授	高级技师	
		王兆珍	研究生	副教授	中级	
		刘建明	研究生	副教授、工程师		
		王英大	本科	副教授	高级技师	
		闫丽霞	本科	教授、高级工程师	执业药师	
		赵跃武	本科	助教	技师	
		宁书林	本科	教授、高级工程师		
		杨美霞	研究生	工程师、副教授		
		施晓琴	本科	副教授		
		徐保国	本科	高级实习指导教师、高级工程师	高级技师（车工）	
		李军	本科	副教授	技师	

续表

序号	单位	姓名	学历	技术职称/等级	职业资格/等级	备注
53	天津市大学软件学院	张仁杰	硕士	高级工程师	计算机信息高新技术考评员三级	副院长
54	天津铁道职业技术学院	徐存水	本科	副教授		
		林桂清	本科（硕士学位）	副教授	铁道特有工种技能鉴定中级考评员	
		向群	本科	副教授		
		张立	本科	副教授	铁路线路工高级考评员	
		张齐坤	本科（硕士学位）	副教授	桥隧工高级考评员	副院长
		张建武	硕士	副教授	高级技师（用户通信终端维修员）	

续表

序号	单位	姓名	学历	技术职称/等级	职业资格/等级	备注
54	天津铁道职业技术学院	王琳	本科	副教授	铁道通信信号专业高级考评员	
		李立功	工程硕士	副教授	软件设计师	
		崔炜	本科	副教授	中级网络工程师	
		李增和	本科	高级讲师		
		蒋君	工程硕士	副教授	技师（管工）	
		蔺伯华	本科	副教授	技师（管工）	
55	天津石油职业技术学院	郭建	本科	副研究员	技师（分析、总控）	
		苗顺玲	本科	副研究员	技师	
		刘振河	本科	副教授	技师	

续表

序号	单位	姓名	学历	技术职称/等级	职业资格/等级	备注
55	天津石油职业技术学院	刘丰臻	本科	副研究员	技师（工程测量）	
		刘建敏	本科	高级讲师	中级技师(测井)、技师（家用电子产品维修）	
		王锦	本科	副研究员		
		解晓飞	本科	副研究员	高级技师（化工仪表维修）	
		王锁庭	本科	高级讲师	技师（维修电工）	
		李岚	本科	副研究员	技师（汽车维修工）	
		韩志民	本科	副研究员	高级机电一体化考评员	

续表

序号	单位	姓名	学历	技术职称/等级	职业资格/等级	备注
55	天津石油职业技术学院	马为民	本科	副研究员	技师（电焊工）	
		高永强	本科	高级实验师	技师（维修电工）	
		王立柱	研究生	讲师	中级采油工	
		丁玉波	研究生	讲师	中级采油工	
		李建铭	本科	讲师		
		吕凤滨	本科	副研究员		
		倪攀	本科	讲师	高级采油工	
		李红兵	本科	副研究员	技师（采油工）	
56	天津滨海职业学院	窦立莉	研究生	讲师	技师（网络设备调试员）	
		徐公仁	本科	副教授		

续表

序号	单位	姓名	学历	技术职称/等级	职业资格/等级	备注
56	天津滨海职业学院	张芳	本科	副教授	技师（软件产品检验员）	
		柴丽虹	本科	副教授	技师（网络设备调试员）	
		张雪松	本科	副教授	技师（餐厅服务员）	
		于冬梅	本科	副教授	中级（会计师）	
		王娜	硕士	副教授	中级（会计师）	
		孙一玲	本科	副教授	中级（会计师）	
		刘景文	本科	副教授	技师（网络设备调试员）	

续表

序号	单位	姓名	学历	技术职称/等级	职业资格/等级	备注
56	天津滨海职业学院	刘鹏	本科	副教授	技师（车工）	
		陈天祥	本科	副教授	技师（数控车工）	
		刘秋艳	本科	副教授	技师（印刷电路板制作）	
		陈龙	本科	讲师	高级技师（维修电工）	
		于世南	本科	讲师	高级技师（数控车工）	
		金鑫	本科	副教授	技师（货运代理）	
		王爽	硕士	讲师	二级物流师	
		翟玲	本科	讲师	中级物流师	

续表

序号	单位	姓名	学历	技术职称/等级	职业资格/等级	备注
56	天津滨海职业学院	陆清华	本科	副教授	一级注册品类管理师	
		金戈	硕士	副教授	物流职业经理	
57	天津城市建设管理职业技术学院	谭爽	本科		初级造价员	
		赵运婷	硕士		技师（维修电工）	
		何凤鸣	本科	高级讲师		
		刘辉	本科	副教授		
		李勇勤	本科	副教授		
		安淑兰	本科	副教授	一级建造师	
		刘钟	本科	高级讲师	高级技师（汽车维修工）	

续表

序号	单位	姓名	学历	技术职称/等级	职业资格/等级	备注
57	天津城市建设管理职业技术学院	王新华	硕士研究生			
		赵敏	本科	副教授	高级技师	
58	天津城市职业学院	陈其亮	本科	高级工程师		
		崔凤梅	研究生	副教授	H3CNE 网络工程师	
		赵信田	本科	副教授	技师	
		刘福安	研究生	副教授	职业指导师	副院长
		陈丹	本科	副教授		
		李彦	本科	副研究员		院长、公共关系职业培训教师
		侯荣	本科	副教授	中国饭店业高级职业经理人	

续表

序号	单位	姓名	学历	技术职称/等级	职业资格/等级	备注
58	天津城市职业学院	孟村	本科	副教授	工艺美术师	
		王丽雅	研究生	教授		
		阮利	本科	副教授	天津市普通话水平测试员	
		李佳	本科	副教授	广告设计员	
		刘维娥	本科	副教授	物流师	副院长
		李新	本科	副教授	SYB讲师、物流师	
		李怀湘	本科	副教授	物流师	
		刘亚梅	硕士	副教授	物流信息管理师	
		李建玲	本科	副教授	经营师	
		贾春霞	硕士	讲师	职业指导师	

续表

序号	单位	姓名	学历	技术职称/等级	职业资格/等级	备注
58	天津城市职业学院	路文玲	研究生	副教授	无线电调试考评员 技师（维修电工）	
		俞向阳	本科	副教授		
		刘盛	研究生	讲师	H3CNE 网络工程师	
59	天津电子信息职业技术学院	裴有柱	研究生	教授	高级 （计算机应用）	
		宋国庆	硕士	教授	高级 Java 软件工程师	
		傅连仲	本科	教授		
		陈志刚	本科	教授	高级技师 （数控车工）	

续表

序号	单位	姓名	学历	技术职称/等级	职业资格/等级	备注
59	天津电子信息职业技术学院	王军红	硕士	副教授	加工中心操作工	
		冯丰	研究生	副教授		
		曹金玲	本科	教授	电子设计工程师 初级考评员	
		刘松	硕士学位	教授	技师 （无线电调试）	
		孙小红	硕士	副教授		
		姚长佳	硕士	副教授	国际商务单证员	
		关剑	硕士	讲师	会计	
		贺宁	本科	副教授	会计	
		姜巧玲	本科	副教授		

续表

序号	单位	姓名	学历	技术职称/等级	职业资格/等级	备注
59	天津电子信息职业技术学院	王树琴	硕士	副教授		
		丁莉	本科	副教授	高级平面设计师	
60	天津工程职业技术学院	李军	本科	高级工程师	高级工（维修电工）	副院长
		张西江	研究生	高级工程师	高级钻井工	院长
		刘景江	本科	副研究员（副高级）	高级钻井工	
61	天津国土资源和房屋职业学院	张文仲	本科	副教授	二级建造师	
		曹智	本科	讲师	高级考评员	
		魏旭武	本科	讲师		国家旅行社部门经理
		钱亚妍	本科	讲师	饭店职业经理人	
		张红	本科	讲师	导游员	

续表

序号	单位	姓名	学历	技术职称/等级	职业资格/等级	备注
61	天津国土资源和房屋职业学院	井云	本科	副教授	一级建造师	
		蒋英	本科	高级讲师	暖通工程师	
		邸淑芬	本科	副教授	物业管理师、房地产估价师	
		饶春平	本科	副教授	物业管理师、房地产估价师	
		张慧芸	本科	副教授	物业管理师、房地产估价师	
62	天津海运职业学院	陈永利	本科	讲师	船长	
		杨信红	本科	讲师	船长	
		吴金龙	研究生	副教授	船长	

续表

序号	单位	姓名	学历	技术职称/等级	职业资格/等级	备注
62	天津海运职业学院	滕宪斌	硕士	副教授	高级轮机长、高级技师（制冷工）	
		杜金印	本科	讲师	大管轮（A类无限航区）	
		王新	本科	副教授		
		谭刘元	本科	讲师	初级（叉车司机）	
		闫高杰	硕士	讲师	物流师	
		张明齐	硕士	讲师	物流师	
63	天津机电职业技术学院	张绍忠	本科	副教授		
		刘勇	本科	高级工程师	高级工（电梯施工）	
		刘文芳	本科	教授	技师（维修电工）	

续表

序号	单位	姓名	学历	技术职称/等级	职业资格/等级	备注
63	天津机电职业技术学院	徐红英	本科（工学硕士）	教授、高级工程师	高级工（无线电安装与装配）	
		梁宇栋	本科	副教授、工程师	技师（加工中心操作工）	
		郭士义	本科	高级工程师		
64	天津交通职业学院	林泉	本科	副教授	高级工（汽车维修）	
		顾瑄	本科（工学硕士）	副教授	技师（汽车维修工）	
		李长霞	本科（理学硕士）	副教授	物流师	副院长

续表

序号	单位	姓名	学历	技术职称/等级	职业资格/等级	备注
64	天津交通职业学院	刘艳霞	本科	副教授	高级物流师	
		薛威	本科	教授、高级工程师	高级物流师	
		吴宗保	硕士	教授、高级工程师	高级技师	
65	天津商务职业学院	钱伟荣	博士	教授		院长
		李富森	本科	副教授		
		杨金玲	本科	教授	中级国际商务师	
		蔡南栅	硕士	教授	国际物流师	
		孙春华	本科	副教授	高级物流师	
		江波	硕士	副教授	物流师高级考评员	
		魏文忠	本科	副教授		
		刘卫东	本科	副教授		

续表

序号	单位	姓名	学历	技术职称/等级	职业资格/等级	备注
65	天津商务职业学院	陈卓	本科	副教授		
		庞鸿藻	本科	教授	高级营销师	
		杨丽	本科	教授	高级礼仪师、注册高级商务策划师	
		钟晓菁	本科	副教授		
		于强	本科	教授	高级会计师	
		周恩荣	本科	教授	中级统计师	
		李向红	硕士	副教授	中级会计师	
66	天津生物工程职业技术学院	陈健	本科	高级工程师	职业药师	
		李榆梅	研究生	教授	高级职业药师	副院长

续表

序号	单位	姓名	学历	技术职称/等级	职业资格/等级	备注
66	天津生物工程职业技术学院	吕薇	本科	副教授	中药师	
		张杰	研究生	副教授	执业药师	
67	天津市渤海职业技术学院	芮福宏	研究生	教授	会计师、高级营销师	党委书记、副院长
		李文和	本科	教授	高级营销师	
		高强	本科	教授	高级工（化工检修钳工）	
		顾玲	本科	教授、高级工程师	技师（三费处理工）	
		徐红升	本科	高级工程师	维修电工、制冷工（高级考评员）	

续表

序号	单位	姓名	学历	技术职称/等级	职业资格/等级	备注
67	天津市渤海职业技术学院	于淑萍	本科	教授	分析工高级考评员	
		朱凤芝	本科(工学硕士)	教授	技师（维修电工）	
		杨永杰	工程硕士	教授	化工单元操作工高级考评员	副院长
		韩伟	研究生班	副教授	高级营销师	院长
		邢锋芝	研究生	副教授	化学检修钳工高级考评员	
		申奕	工程硕士	高级工程师	技师（蒸馏工）	副院长
		于兰平	本科	教授		副院长
		邱泽勤	本科	高级工程师		副总工
		刘东光	本科	高级讲师	技师（有机合成工）	

续表

序号	单位	姓名	学历	技术职称/等级	职业资格/等级	备注
67	天津市渤海职业技术学院	王大力	硕士	高级工程师		总工程师
		李预祥	硕士	高级工程师		
		刘立平	本科	高级工程师		
		吴宗生	本科	高级工程师		
68	天津市滨海新区塘沽中等专业学校	季宝柱	本科	讲师	技师（无线电调试）	
		翟津	本科	高级讲师	技师（维修电工）	
69	天津市南洋工业学校	黄敏莉	本科	高级教师	高级技师（维修电工）	
		刘智平	本科	高级教师	高级技师（维修电工）	

续表

序号	单位	姓名	学历	技术职称/等级	职业资格/等级	备注
70	天津市宁河县中等专业学校	张文辉	本科	高级讲师	技师（电工）	
71	天津市第一商业学校	罗维	本科	高级讲师	技师（计算机装调员）	
		崔利群	本科	高级讲师	注册责任编辑，超市理货员，质量审核员	
72	天津市劳动保障技师学院	王玉涛	本科	高级讲师	高级技师（维修电工）	校长
		夏立俊	本科	高级讲师	技师（维修电工）	
		于娜	本科	一级实习指导教师	技师、高级技师（车工、数控车工）	

续表

序号	单位	姓名	学历	技术职称/等级	职业资格/等级	备注
72	天津市劳动保障技师学院	勾东海	本科	高级实习指导教师	高级技师（维修电工）	副校长
		王喆	本科	二级实习指导教师	技师（维修电工）	
		静燮平	本科	二级实习指导教师	技师（维修电工）	
73	天津市电子信息高级技术学校	杨金国	研究生	高级讲师		
		张富华	本科	助理讲师	高级工（无线电装接工）	
		赵树明	本科	高级实习指导教师	高级技师	

续表

序号	单位	姓名	学历	技术职称/等级	职业资格/等级	备注
73	天津市电子信息高级技术学校	王美蕾	本科	高级实习指导教师	技师	
		张冬柏	本科	一级实习指导教师	高级技师（维修电工）	
		陈滨	本科	高级讲师	高级工（计算机维修工）	
		李金旺	本科	高级实习指导教师	高级工（计算机维修工）	
		肖玉华	大专	高级实习指导教师	高级技师（制冷工）	
		戴成增	大专	高级实习指导教师	高级技师（电气维修）	

续表

序号	单位	姓名	学历	技术职称/等级	职业资格/等级	备注
73	天津市电子信息高级技术学校	尚由	本科	高级实习指导教师	高级技师（数控车工）	
		闫霞	本科	高级讲师	高级工（数控车工）	
74	天津市机电工艺学院	胡翔	大专	实习指导教师	高级技师（钳工）	
		刘锐	大专	实习指导教师	高级技师（钳工）	
		李钊	大专		高级技师（焊工）	
		武春江	大专	实习指导教师	高级技师（工具钳工）	
		周伟	大专	高级实习指导教师	高级技师	

续表

序号	单位	姓名	学历	技术职称/等级	职业资格/等级	备注
74	天津市机电工艺学院	王朝东	本科	实习指导教师	高级技师	
		蔡跃	双大专	高级讲师	维修电工 高级考评员	
		陈均良	本科	高级实习 指导教师	高级技师 （机床加工）	
		刘克城	本科	高级实习 指导教师	高级技师（车工）	
		牛金满	硕士	高级工程师	技师（维修电工）	
		牛玉成	本科	高级工程师、高级实习指导教师	高级技师	
		刘居强	本科	实习指导教师	高级技师（车工）	

续表

序号	单位	姓名	学历	技术职称/等级	职业资格/等级	备注
74	天津市机电工艺学院	张长勇	大专	实习指导教师	高级技师（电工）	
		李春强	本科	实习指导教师	高级技师（车工）	
75	天津职业技术师范大学附属高级技校	张世龙	本科	高级实习指导教师	高级技师（车工）	党总支书记
		马平	大专	高级实习指导教师	高级技师（工具钳工）	
		周玉山	本科	高级实习指导教师	高级技师（加工中心操作工）	
		董学文	本科	中级实习指导教师	高级技师（数控车工）	
		易贵平	本科（工学硕士）	高级实习指导教师	高级技师（维修电工）	副校长

续表

序号	单位	姓名	学历	技术职称/等级	职业资格/等级	备注
75	天津职业技术师范大学附属高级技校	刘根润	本科	高级实习指导教师	高级技师（维修电工）	
76	天津市公用技师学院	张建彪	本科	一级实习指导教师	技师（汽车维修工）	
		崔允年	本科	高级实习指导教师	高级技师（汽车维修工）	
		宋贵鑫	本科	讲师	高级技师（汽车维修工）	
		董福顺	大专	一级实习指导教师	高级技师（汽车维修工）	
		李岩	大专	高级实习指导教师	技师（汽车维修工）	

续表

序号	单位	姓名	学历	技术职称/等级	职业资格/等级	备注
76	天津市公用技师学院	吴江	大专	高级实习指导教师	技师（汽车维修工）	
		李勇	大专	一级实习指导教师	技师（汽车维修工）	
		高铮	本科	讲师	高级技师（维修电工）	
77	天津市交通高级技工学校	刘跃国	研究生	高级实习指导教师	技师（汽车维修钳工）	
		苏敬	研究生	高级政工师	中级	校长
		戴强	本科	高级工程师	高级技师（汽车维修工）	

续表

序号	单位	姓名	学历	技术职称/等级	职业资格/等级	备注
77	天津市交通高级技工学校	邢振东	硕士在读	高级讲师	技师（汽车维修工）	
		康宁	研究生	工程师	高级技师（汽车维修工）	副校长
78	天津市交通高级技工学校驾校	梁来增	本科	高级讲师		校长
79	天津水运高级技术学校	杨同杰	本科	高级讲师	物流师	副校长
		冯启发	研究生	高级政工师	高级人力资源管理师	校长
		关红年	本科	高级讲师	技师（汽车维修工）	

续表

序号	单位	姓名	学历	技术职称/等级	职业资格/等级	备注
79	天津水运高级技术学校	宋玉华	教育学硕士	高级讲师	高级工（内燃装卸机械修理工）	
80	天津市誉华专业技术学校	杨建是	本科	高级讲师		
		陈瀛州	研究生	高级政工师		校长
		孙敏	本科	高级讲师		副校长
81	天津市新闻出版技术学校	许宝宽	本科	高级讲师	印刷电器维修初级考评员	
		金新国	本科	高级讲师	平板印刷高级考评员	
		汪家强	本科	高级讲师	H3C 认证网络工程师	

续表

序号	单位	姓名	学历	技术职称/等级	职业资格/等级	备注
82	天津市汇才技术学校	李韶玮	本科	高级讲师	技师（化工仪表维修工）	
		汪涛	本科	工程师	技师（化工仪表维修工）	
		杨宝华	本科	中级	高级工（汽车维修工）	
		王星星	本科	助理讲师	中级（网络工程师）	
83	中铁十八局集团有限公司技工学校	蒲新录	本科	高级工程师	技师（工程测量工）	副校长
		隋丽春	本科	高级经济师		

续表

序号	单位	姓名	学历	技术职称/等级	职业资格/等级	备注
84	天津石化培训中心	吕英	本科	高级经济师	高级企业培训师	副主任
		苏存梅	本科	高级工程师	高级企业培训师	
		陆菁华	本科	高级经济师	中级企业培训师	
		张红频	本科	高级讲师	高级企业培训师	
		刘云霞	本科	高级工程师	高级企业培训师	
		刘冬琪	本科	高级讲师	高级企业培训师	
		于文军	工程硕士	高级工程师	中级企业培训师	
85	天津市电力公司培训中心	张淑琴	本科	高级讲师	电力电缆工技师	
		王坤	大专	讲师	配电线路工技师	副主任
		张燕萍	本科	高级讲师	装表接线工技师	

续表

序号	单位	姓名	学历	技术职称/等级	职业资格/等级	备注
86	天津市交通教育培训中心	谢慧扬	本科	工程师	高级技师（汽车维修工）	
		时凤奎	研究生	副高级工程师		主任
		谢康	本科	高级工程师	高级技师（汽车维修工）	副主任
		刘纯涛	本科	高级工程师	技师（汽车维修工）	
87	天津市就业训练中心	白小梅	大专	讲师	中级	
		白玉洁	本科	高级讲师	二级企业培训师	
		王蓉	本科	讲师	二级企业培训师	

续表

序号	单位	姓名	学历	技术职称/等级	职业资格/等级	备注
88	天津市博海国际人才职业培训学校	王近近	本科	英语翻译（初级）	高级（涉外家政服务员、育婴师、养老护理员）、二级（企业培训师）	校长
89	天津市华阳职业培训学校	王宝金	大专		高级技师（电工）	
合计	452 人					

7. 关于公布首批46个职业202个“培训包”项目开发难易程度的通知（津培训包办字〔2013〕1号）

关于公布首批46个职业202个“培训包”项目开发难易程度的通知

津培训包办字〔2013〕1号

首批“职业培训包”开发项目中标单位：

为做好“职业培训包”项目开发资金资助工作，确保项目开发顺利进行，市“职业培训包”项目开发工作办公室专家组，根据《天津市“职业培训包”项目开发资助资金管理办法》，按照开发职业的技术含量、开发后培训规模、开发职业的社会熟悉程度以及实验性开发等综合情况，将开发难度分为A级（最难）、B级（较难）和C级（一般难度）三个等级，按照A、B、C等级分别占20%、60%和20%的原则，对首批46个职业202

个培训包开发难易程度进行了审核，确定试验性开发的维修电工等5个职业为A级（最难）开发难度。其余招标开发的41个职业中，飞机装配工等8个职业为A级（最难）开发难度；数控车工等25个职业为B级（较难）开发难度；无线电调试工等8个职业为C级（一般难度）开发难度。

现予公布。

附件：天津市首批“职业培训包”项目开发难易程度表

天津市“职业培训包”项目开发工作办公室

2013年5月18日

附件

天津市首批“职业培训包”项目开发难易程度表

分类	序号	培训包职业	职业代码	等级	培训包数	难易程度
实验性开发项目	1	维修电工	6-07-06-05	1—5	5	A
	2	眼镜定配工	4-07-06-02	2—5	4	A
	3	养老护理员	X4-07-12-03	2—5	4	A
	4	眼镜验光员	4-07-06-01	1—5	5	A
	5	化学检验工	6-26-01-01	1—5	5	A
	小计		5 个职业		23 个包	
最难开发项目	1	飞机装配工	6-05-19-01	1—5	5	A
	2	计算机程序设计员	X2-02-13-06	3—5	3	A
	3	航空电气安装调试工	6-05-19-07	1—5	5	A
	4	加工中心操作工	6-04-01-08	1—4	4	A
	5	智能楼宇管理师	X4-07-02-02	2—4	4	A
	6	内燃机车司机	6-24-02-07	1—3	3	A
	7	船舶水手	20-042	1—5	5	A
	8	飞机、发动机附件检验工	6-26-02-05	1—5	5	A
	小计		8 个职业		34 个包	
较难开发项目	1	数控车工	6-04-01-01	1—4	4	B
	2	数控铣工	6-04-01-02	1—4	4	B
	3	平版印刷工	6-20-02-01	1—5	5	B

续表

分类	序号	培训包职业	职业代码	等级	培训包数	难易程度
较难开发项目	4	家用电子产品维修工	4-07-10-01	1—5	5	B
	6	家用电器产品维修工	4-07-10-02	1—5	5	B
	7	车工	6-04-01-01	1—5	5	B
	8	乳品检验员	6-26-01-08	1—5	5	B
	9	汽车修理工	6-06-01-02	1—5	5	B
	10	计算机软件产品检验员	X6-26-01-42	1—3	3	B
	11	工具钳工	6-05-02-02	1—5	5	B
	12	中药检验工	6-26-01-22	1—5	5	B
	13	中药调剂员	4-01-99-02	3—5	3	B
	14	汽车加气站操作工	X4-07-99-06	2—5	4	B
	15	铣工	6-04-01-02	1—5	5	B
	16	燃气具安装维修工	X4-07-03-06	2—5	4	B
	17	钟表维修工	4-07-10-04	1—5	5	B
	18	食品检验工	6-26-01-08	1—5	5	B
	19	钻井工	6-01-05-02	1—5	5	B
	20	叉车司机	6-24-05-01	2—5	4	B
	21	机修钳工	6-06-01-01	1—5	5	B
	22	焊工	6-04-02-05	1—5	5	B
	23	管工	6-23-10-03	1—5	5	B

续表

分类	序号	培训包职业	职业代码	等级	培训包数	难易程度
较难开发项目	24	电子器件检验工	6-26-01-33	1—5	5	B
	25	物流师	X2-02-34-11	1—4	4	B
	26	可编程序控制系统设计师	X2-02-13-10	1—4	4	B
			26 个职业		114	
一般难度开发项目	1	无线电调试工	6-08-04-03	1—4	4	C
	2	电子仪器仪表装配工	6-05-06-03	1—5	5	C
	3	印品整饰工	6-20-03-02	1—5	5	C
	4	中药固体制剂工	6-14-04-03	3—5	3	C
	5	汽车驾驶员	6-24-01-01	2—5	4	C
	6	计算机（微机）维修工	6-08-05-01	3—5	3	C
	7	汽车运输调度员	4-05-01-03	1—4	4	C
	8	育婴师	X4-07-12-04	3—5	3	C
	小计		8 个职业		31 个包	
	合计 46 个职业 202 个培训包					

8. 关于召开“职业培训包”项目开发推动暨项目评估细则培训会的通知（津人社办函〔2013〕260号）

市人力社保局关于召开“职业培训包”项目开发推动暨项目评估细则培训会的通知

津人社办函〔2013〕260号

各“职业培训包”项目开发单位，各有关单位：

按照市领导要求，为加快推进我市“职业培训包”项目开发工作，确保开发工作质量，定于8月2日召开“职业培训包”项目开发推动暨项目评估细则培训会，现就有关事项通知如下：

一、时间地点

8月2日（星期五）上午9时至12时；下午1时30分至3

时30分，在天津职业大学（北辰区洛河道2号）东阶梯大讲堂召开，会期一天。

二、会议内容

上午，交流“职业培训包”项目开发工作；下午，就《天津市“职业培训包”项目评估细则》进行培训。

三、参会范围

上午会议：第二批中标项目（含国家职业培训鉴定试验基地新职业标准项目）开发负责人和开发人员。

下午会议：第一、二批中标项目（含国家职业培训鉴定试验基地新职业标准项目）开发负责人；项目开发跟踪指导专家；市培训包办公室专家。

四、有关事宜

（一）请参会人员提前15分钟入场。

（二）参加全天会议的人员中午统一就餐。

（三）请各单位于8月1日（星期四）上午11时前，将会议报名回执单发送到tjpxb2012@163.com。

联系人：霍永旺、董宏伟

联系电话：28229202、28229203

附件：会议报名回执单

天津市人力资源和社会保障局办公室

2013年7月27日

（此件依申请公开）

技术文件

1.天津市“职业培训包”项目申请·评审书

2.天津市“职业培训包”项目申请·评审书编写指南

3.天津市首批“职业培训包”项目开发招标公告

4.天津市第二批“职业培训包”项目开发招标公告

5.天津市“职业培训包”项目文本开发模板

6.天津市“职业培训包”项目实施方案模板

7.天津市“职业培训包”项目委托开发协议书模板

8.天津市“职业培训包”项目开发指导书（试行）

9.天津市“职业培训包”项目评估细则（试行）

1. 天津市“职业培训包”项目申请·评审书

项目编号	

天津市“职业培训包”项目
申请·评审书

项 目 名 称：________________

项目负责人：________________

申 报 单 位：________________

合 作 单 位：________________

填 表 日 期：________________

天津市人力资源和社会保障局

项目申报说明

1. 请按《天津市“职业培训包”项目管理办法》及有关规定，准确、清晰、如实填写或选择数据表各栏内容。

2. 封面上方“项目编号”申请人不填，其他栏目由申请人填写。

3. 本表须经项目负责人所在单位领导审核，签署明确意见，承担信誉保证并加盖公章后方可上报。

4. 本表一式7份，其中3份原件，4份可复印，使用A3纸双面印制、中缝装订。

5. 本表内容一律使用计算机打印，不得手写。

6. 天津市“职业培训包”项目开发工作领导小组办公室地址：天津市河西区黑牛城道40号2号楼307室。

邮政编码：300211

电子信箱：tjpxb2012@163. com

联系电话：28229203　28229202

联系人：王明茹　董宏伟

一、项目及项目申报人基本情况

<table>
<tr><td colspan="2">项目名称</td><td colspan="7"></td><td>项目类别</td><td></td></tr>
<tr><td colspan="2">行业类别</td><td colspan="2"></td><td colspan="4">职业名称</td><td></td><td>职业代码</td><td></td></tr>
<tr><td colspan="2">职业等级包</td><td colspan="9">□初级工包 □中级工包 □高级工包 □技师包
□高级技师包</td></tr>
<tr><td colspan="2">项目负责人</td><td colspan="2"></td><td>性别</td><td colspan="2"></td><td>民族</td><td></td><td>电话</td><td></td></tr>
<tr><td colspan="2">身份证号码</td><td colspan="6"></td><td>最高学历</td><td colspan="2"></td></tr>
<tr><td colspan="2">行政职务</td><td colspan="2"></td><td>职称</td><td colspan="3"></td><td>职业资格/等级</td><td colspan="2"></td></tr>
<tr><td colspan="2">完成期限</td><td colspan="6">从 年 月 日至 月 日</td><td>电子信箱</td><td colspan="2"></td></tr>
<tr><td colspan="2">所在部门</td><td colspan="6"></td><td>联系人</td><td colspan="2"></td></tr>
<tr><td colspan="2">移动电话</td><td colspan="6"></td><td>办公电话</td><td colspan="2"></td></tr>
<tr><td rowspan="8">项目组成员</td><td>姓名</td><td>性别</td><td colspan="3">出生年月</td><td colspan="2">职称/职务</td><td>职业资格/等级</td><td>工作部门</td><td>项目分工</td></tr>
<tr><td></td><td></td><td colspan="3"></td><td colspan="2"></td><td></td><td></td><td></td></tr>
<tr><td></td><td></td><td colspan="3"></td><td colspan="2"></td><td></td><td></td><td></td></tr>
<tr><td></td><td></td><td colspan="3"></td><td colspan="2"></td><td></td><td></td><td></td></tr>
<tr><td></td><td></td><td colspan="3"></td><td colspan="2"></td><td></td><td></td><td></td></tr>
<tr><td></td><td></td><td colspan="3"></td><td colspan="2"></td><td></td><td></td><td></td></tr>
<tr><td></td><td></td><td colspan="3"></td><td colspan="2"></td><td></td><td></td><td></td></tr>
<tr><td></td><td></td><td colspan="3"></td><td colspan="2"></td><td></td><td></td><td></td></tr>
</table>

续表

<table>
<tr><td>项目单位名称</td><td></td><td>单位地址</td><td colspan="2"></td></tr>
<tr><td rowspan="5">单位属性</td><td>□中职院校　□高职院校
□本科院校</td><td rowspan="5">法人代表</td><td rowspan="2">姓名</td><td rowspan="2"></td></tr>
<tr><td>□国有企业　□三资企业
□其他企业</td></tr>
<tr><td>□独立科研机构　□医疗机构</td><td rowspan="3">电话</td><td rowspan="3"></td></tr>
<tr><td>□民办培训机构
□公共实训基地</td></tr>
<tr><td>□其他</td></tr>
<tr><td>申请资助经费（单位：万元）</td><td></td><td colspan="2">预计完成时间</td><td>年　月</td></tr>
<tr><td>培训包功能、开发目标及验收要点</td><td colspan="4">培训包功能：

开发目标综述：（达到水平与目标、特色情况等）

验收要点：（开发成果材料、支撑材料等）</td></tr>
</table>

二、项目设计论证

1. 立项依据（培训需求调研情况、培训资源及有利条件）
2. 项目组人员职业培训经历和能力情况说明

续表

3. 已有资源调研情况（国家职业标准、鉴定规范、培训教程、题库、培训指南等，说明资源出处和版本）
4. 该项目完成后对职业技能培训所起的作用
①服务对象：
②职业技能（工种）及达到的水平（证书等级）：
③年培训数量：

续表

5. 本项目开发的指导思想和总体思路
6. 本项目主要开发内容

续表

7. 项目开发重点和难点
8. 项目开发进度安排

续表

9. 开发完成后提交验收的成果清单及说明
10. 培训包项目实施方案（包括实施时间、实施单位、培训方案）

三、经费预算

序号	经费开支细目	预算金额（元）	计算依据	经费来源
1				
2				
3				
4				
5				
6				
7				
8				
合计				

四、项目负责人所在单位意见

申请书所填写的内容是否属实；项目负责人和参加者的政治素质与业务水平是否适合于本项目的开发；所在单位和部门是否能提供完成本项目所需的时间和条件；单位主管部门和财务管理部门是否承担本项目的管理工作。 主管领导签字：　　　　　　　　　　公章： 年　　月　　日

五、合作开发单位意见

主管领导签字：　　　　　　　　　　　　公章： 年　　月　　日

六、评审意见

评审专家签字：

年　　月　　日

七、审批意见

负责人签字： 年　月　日

2. 天津市“职业培训包”项目申请·评审书编写指南

项目编号	

天津市“职业培训包”项目
申请·评审书

项 目 名 称：______________________

项目负责人：　*注意要符合申报条件*

申 报 单 位：　*注意要符合申报条件*

合 作 单 位：______________________

填 表 日 期：______________________

天津市人力资源和社会保障局

项目申报说明

1. 请按《天津市“职业培训包”项目管理办法》及有关规定，准确、清晰、如实填写或选择数据表各栏内容。

2. 封面上方“项目编号”申请人不填，其他栏目由申请人填写。

3. 本表须经项目负责人所在单位领导审核，签署明确意见，承担信誉保证并加盖公章后方可上报。

4. 本表一式7份，其中3份原件，4份可复印，使用A3纸双面印制、中缝装订。

5. 本表内容一律使用计算机打印，不得手写。

6. 天津市“职业培训包”项目开发工作领导小组办公室地址：天津市河西区黑牛城道40号2号楼307室。

邮政编码：300211

电子信箱：tjpxb2012@163. com

联系电话：28229203　28229202

联系人：王明茹　董宏伟

一、项目及项目申报人基本情况

<table>
<tr><td>项目名称</td><td colspan="5"></td><td>项目类别</td><td></td></tr>
<tr><td>行业类别</td><td></td><td colspan="2">职业名称</td><td colspan="2"></td><td>职业代码</td><td></td></tr>
<tr><td>职业等级包</td><td colspan="7">□初级工包 □中级工包 □高级工包 □技师包
□高级技师包</td></tr>
<tr><td>项目负责人</td><td></td><td>性别</td><td></td><td>民族</td><td></td><td>电话</td><td></td></tr>
<tr><td>身份证号码</td><td colspan="4"></td><td>最高学历</td><td colspan="2"></td></tr>
<tr><td>行政职务</td><td></td><td>职称</td><td colspan="2"></td><td>职业资格/等级</td><td colspan="2"></td></tr>
<tr><td>完成期限</td><td colspan="4">从 年 月 日至 月 日</td><td>电子信箱</td><td colspan="2"></td></tr>
<tr><td>所在部门</td><td colspan="4"></td><td>联系人</td><td colspan="2"></td></tr>
<tr><td>移动电话</td><td colspan="4"></td><td>办公电话</td><td colspan="2"></td></tr>
<tr><td rowspan="8">项目组成员</td><td>姓名</td><td>性别</td><td>出生年月</td><td>职称/职务</td><td>职业资格/等级</td><td>工作部门</td><td>项目分工</td></tr>
<tr><td></td><td></td><td></td><td></td><td></td><td></td><td></td></tr>
<tr><td></td><td></td><td></td><td></td><td></td><td></td><td></td></tr>
<tr><td></td><td></td><td></td><td></td><td></td><td></td><td></td></tr>
<tr><td></td><td></td><td></td><td></td><td></td><td></td><td></td></tr>
<tr><td></td><td></td><td></td><td></td><td></td><td></td><td></td></tr>
<tr><td></td><td></td><td></td><td></td><td></td><td></td><td></td></tr>
<tr><td></td><td></td><td></td><td></td><td></td><td></td><td></td></tr>
</table>

续表

<table>
<tr><td>项目单位名称</td><td></td><td>单位地址</td><td colspan="2"></td></tr>
<tr><td rowspan="5">单位属性</td><td>□中职院校 □高职院校
□本科院校</td><td rowspan="5">法人代表</td><td rowspan="2">姓名</td><td rowspan="2"></td></tr>
<tr><td>□国有企业 □三资企业
□其他企业</td></tr>
<tr><td>□独立科研机构 □医疗机构</td><td rowspan="3">电话</td><td rowspan="3"></td></tr>
<tr><td>□民办培训机构
□公共实训基地</td></tr>
<tr><td>□其他</td></tr>
<tr><td>申请资助经费（单位：万元）</td><td></td><td>预计完成时间</td><td colspan="2">年　月</td></tr>
<tr><td>培训包功能、开发目标及验收要点</td><td colspan="4">培训包功能：
可从以下几方面说明：
（1）培训包拟成为职业培训的纲领性文件；
（2）培训包拟成为培训教师从事职业培训工作的技术性文件；
（3）培训包拟为学员搭建即时学习训练的平台；
（4）培训包拟为鉴定考核提供服务；
（5）培训包拟为培训机构规范建设的指南。</td></tr>
</table>

续表

培训包功能、开发目标及验收要点	开发目标综述：（达到水平与目标、特色情况等） *提示：可以从培训包内容先进性、资源丰富、方法创新、使用方便、依据科学、可持续等方面说明培训包拟达到的水平和具有的特色。* 验收要点：（开发成果材料、支撑材料等）

二、项目设计论证

1. 立项依据（培训需求调研情况、培训资源及有利条件）
（1）培训需求调研 区域经济、企业； 人数、级别比例； 岗位、技术能力规格； 目前天津市培训状态：成功方面、缺陷方面、希望怎样。 （2）培训资源及有利条件 本单位与合作单位的培训资质、培训能力、鉴定资质情况； 人员优势：专业、学历、职称、技能证书、团队结构比例、水平； 设备优势； 培训经历； 财力支持； 举办大赛； 合作企业优势。
2. 项目组人员职业培训经历和能力情况说明
主要成员受过何种培训：级别、内容、达到的水平； 做培训工作情况； 工作经历； 科研能力； 指导大赛情况。

续表

3. 已有资源调研情况（国家职业标准、鉴定规范、培训教程、题库、培训指南等，说明资源出处和版本）
4. 该项目完成后对职业技能培训所起的作用
①服务对象：
社会人员（三类）、学生。
②职业技能（工种）及达到的水平（证书等级）：
能从事什么岗位工作、达到的技术水平。
③年培训数量：

续表

5. 本项目开发的指导思想和总体思路
提示 1：在认真学习文件精神，认真学习、深入领会现行国家职业标准和广泛深入调研的基础上建立开发思路。 提示 2：指导思想：依据国家职业标准，结合本市职业岗位的要求，借鉴国内外开展职业培训的经验，按照需求性、开放性、创新性的原则，开发职业培训标准包、指南包和资源包，提高培训工作的针对性、实效性，满足我经济发展对高水平职业培训的需要。 提示 3：总体思路：边学习、边调查、边研究、边开发、边实践、边完善、边提高，遵循“项目开发—项目实施—项目完善”的总体思路进行培训包的开发。具体包括：深入×××，分析岗位要求，提升国家职业标准，按照国家职业标准、培训包标准，制定培训标准；并整合培训内容，建构模块化培训课程体系；以工作内容或项目为中心，进行课程整体设计；根据任务驱动、学做一体的教学模式要求，进行课程单元设计；依据课程整体和单元设计，编写课程讲义和练习、模拟题库，制作课程课件，开发培训课程资源(图片、录像、动画等)；在培训实际工作中，检验并完善培训包。
6. 本项目主要开发内容
翔实、具体展开说明开发内容，不能只列条。

续表

7. 项目开发重点和难点
提示 1：明确列为重点的内容、原因、措施。 *提示 2：开发基础：调研。* *提示 3：重点：模块化培训课程设计、课程资源。* *难点：培训包职业标准、培训标准。*
8. 项目开发进度安排
要具体到完成内容、进行方式、进行时间、负责人、要求等。

续表

9. 开发完成后提交验收的成果清单及说明
10. 培训包项目实施方案（包括实施时间、实施单位、培训方案）
提示：做开发后试验培训的实施方案设计。

三、经费预算

序号	经费开支细目	预算金额（元）	计算依据	经费来源
1	国内调研、差旅费、资料收集、复印、翻拍、翻译费等及少量必要图书购置费、小型会议费、计算机使用耗材费、成果印刷费、专家论证咨询费、部分劳务酬金、结题鉴定费等			
2				
3				
4				
5				
6				
7				
8				
合计				

四、项目负责人所在单位意见

申请书所填写的内容是否属实；项目负责人和参加者的政治素质与业务水平是否适合于本项目的开发；所在单位和部门是否能提供完成本项目所需的时间和条件；单位主管部门和财务管理部门是否承担本项目的管理工作。 *该申请书所填写内容属实；项目负责人和参加者的政治素质与业务水平适合于本项目的开发；统筹各项工作，保证项目组人员完成本项目所需的时间和条件；承诺做好本项目的管理工作。* *同意申请。* 主管领导签字：　　　　　　　　　　　　　　公章： 年　　月　　日

五、合作开发单位意见

主管领导签字：　　　　　　　　　　公章： 年　　月　　日

六、评审意见

评审专家签字： 年　　月　　日

七、审批意见

负责人签字：

年　　月　　日

3. 天津市首批“职业培训包”项目开发招标公告

天津市首批“职业培训包”项目开发招标公告

为充分依托企业、职业院校、科研院所和职业培训机构等社会资源，做好“职业培训包”开发工作，按照市政府制定的《天津市“职业培训包”项目开发实施方案》(津政办发〔2012〕61号)，拟就遴选天津市首批“职业培训包”项目开发单位和人员进行公开招标，现公告如下：

一、招标开发项目

2012年，首批开发50个职业、200个“职业培训包”项目(详见：天津市首批“职业培训包”开发项目表)。

二、投标人资格要求

（一）申报项目单位资格要求："职业培训包"项目申报单位和项目合作单位必须是具有独立法人资质，运行机制健全，内部管理规范的企业、职业院校、科研院所、职业培训机构等。

（二）申报项目负责人资格要求

1. 具有职业培训领域从业经历或管理经验的在职人员。

2. 具有副高级及以上专业技术职称或具有高级技师职业资格。

3. 具有承担组织、指导开发项目实施的能力，能够从事实质性开发工作。

4. 每人一次只能申请主持一个开发项目，参加项目不超过两项。项目验收通过前、验收未通过或出现重大失误者不得申报新项目。

三、获取招标文件

凡有意参加投标者，申请人可从市人力资源和社会保障局网站（www.ti.lss.gov.cn）下载《天津市"职业培训包"项目申请·评审书》（以下简称《申请书》）及有关材料，并根据开发指导方案、开发项目指南、申请书要求填写，按规定报所在单位审核。

四、递交投标文件

（一）项目申报受理时限：申报受理截止日期为2012年8月10日17：00，逾期不再受理。

（二）申请人所在单位应对申请内容进行认真审核，签署明确意见，承诺提供开发条件和承担开发项目的管理任务及信誉保证后，按要求将《申请书》报送市办公室。

市办公室不受理个人直接申请。

五、发布公告的媒介

本次招标公告同时在《天津日报》、《今晚报》、人力资源和社会保障网站上发布。

六、联系方式

联系人：王明茹　联系电话：28305936

电子信箱：tjpxb2012@163. com

杨振江　联系电话：23030911-8513

报送地点：天津市“职业培训包”项目开发领导小组办公室，天津市河西区黑牛城道40号。

天津市人力资源和社会保障局

二〇一二年七月十一日

4. 天津市第二批“职业培训包”项目开发招标公告

市人力社保局关于公布第二批“职业培训包”招标开发项目及申报工作的通知

津人社办发〔2013〕29 号

各区、县人力资源和社会保障局，各委、局（集团总公司）人力资源社会保障部门，各有关高校，各职业院校、职业培训机构，各有关单位：

为落实市政府办公厅《天津市“职业培训包”项目开发实施方案》（津政办发〔2012〕61 号），加快“职业培训包”项目开发工作，在 2012 年首批招标开发的基础上，面向社会公开招标第二批“职业培训包”开发项目。现就有关事宜通知如下：

一、招标开发项目

第二批开发的“职业培训包”共166个职业、736个“培训包”(详见附件)。

二、投标人资格条件

(一)项目申报单位条件

“职业培训包”项目申报单位和项目合作单位必须是具有独立法人资质，运行机制健全，内部管理规范的企业、职业院校、科研院所、职业培训机构等。

(二)项目申报负责人条件

1. 具有职业培训领域从业经历或管理经验的在职人员。

2. 具有副高级及以上专业技术职称或具有高级技师职业资格。

3. 具有承担组织、指导开发项目实施的能力，能够从事实质性开发工作。

4. 申请一个主持开发项目每人仅限一个项目，参与项目开发的每人不超过两项。所有的主持和开发项目验收通过前、验收未通过或出现重大失误者不得申报新项目。

三、获取招标文件

申请人可从市人力资源和社会保障局网站（www.tj.lss.gov.cn）或天津职业培训网（www.jnpx.com）下载《天津市“职业培训包”项目申请·评审书》（以下简称《申请书》）及有关材料。

四、投标申报时间地点

（一）申报时间：2013 年 4 月 25 日至 26 日，上午 9：00 至 12：00，下午 14：00 至 17：00，其他时间不予受理。

（二）申报地点：中国天津人力资源发展促进中心（天津市河东区九经路 25 号，1 号楼 3 层洽谈室）。

五、投标申报辅导

定于 2013 年 4 月 12 日上午 9：00 在华城宾馆六楼多功能厅举办项目投标申报辅导会，各单位自愿派人参加，并于 4 月 10 日 17：00 前向市“职业培训包”项目开发工作领导小组办公室报名。

六、相关事宜

（一）申请人应根据《天津市“职业培训包”项目开发实施方案》和《项目开发指导书》要求认真填写申请书。

（二）申请人所在单位应对申请内容进行审核，签署意见，承诺提供开发条件和承担开发项目的管理任务及信誉保证后，按要求将《申请书》报送市“职业培训包”项目开发工作领导小组办公室。

（三）《申请书》由开发单位负责报送。市“职业培训包”项目开发工作领导小组办公室不直接受理个人申请。

附件：天津市第二批招标开发“职业培训包”项目

（联系人：王明茹、董宏伟；联系电话：28229203、28229202；电子信箱：tjpxb2012@163. com）

天津市人力资源和社会保障局办公室

2013 年 4 月 2 日

（此件主动公开）

5. 天津市“职业培训包”项目文本开发模板

维修电工中级资格培训包
[TJB6070605（4）－Ⅰ]

1.3 考核标准

1.3.1 考核标准是什么

1.3.2 考核标准

1.4 师资配备标准

1.4.1 师资配备标准是什么

1.4.2 师资配备标准

1.5 培训场所环境标准

1.5.1 培训场所环境标准是什么

1.5.2 培训场所环境标准

2. 指南包

2.1 职业指南

2.1.1 职业指南是什么

2.1.2 职业介绍

2.1.3 “职业培训包”介绍

2.1.4 培训模块选择

2.2 培训指南

2.2.1 培训指南是什么

2.2.2 培训体系（培训方案）

2.2.3 培训计划

2.3 考核指南

2. 3. 1 考核指南是什么

2. 3. 2 考核指南

3. 资源包

3. 1 课程资源

3. 1. 1 课程资源是什么

3. 1. 2 模块设计与开发

3. 1. 3 教学资源汇编

3. 2 学习资源

3. 2. 1 学习资源是什么

3. 2. 2 学习指南（内容介绍）——可另附教材

3. 2. 3 练习题册（内容介绍）——可另附题册

3. 2. 4 模拟试卷

3. 3 信息资源

3. 3. 1 职业发展动态信息

3. 3. 2“三新”技术应用案例汇编

正文

1. 标准包

标准包是什么。

1.1 培训包职业标准

1.1.1 培训包标准是什么

1.1.2 培训包职业标准调研报告

参考表 2—培训包职业标准调研报告（模板）。

1.1.3 国家职业标准提升依据汇总

参考表 1—国家职业标准提升依据汇总表（模板）。

1.1.4 培训包职业标准

参考表 3—培训包职业标准（模版）。

1.2 培训标准

1.2.1 培训标准是什么

1.2.2 培训标准

参考：

表 5—能力单元要素和实作指标细目（模板）。

表 6—能力单元要素和实作指标适用范围汇总表（模板）。

1.3 考核标准

1.3.1 考核标准是什么

1.3.2 考核标准

参考：

表7—鉴定考核要点细目（模板）。

表8—考核比重表（理论）（模板）。

表9—考核比重表（技能操作）（模板）。

1.4 师资配备标准

1.4.1 师资配备标准是什么

1.4.2 师资配备标准

1.5 培训场所环境标准

1.5.1 培训场所环境标准是什么

1.5.2 培训场所环境标准

参考：

表10—场所设施标准（模板）

表11—设备配备标准（清单）（模板）。

2. 指南包

指南包是什么。

2.1 职业指南

2.1.1 职业指南是什么

2.1.2 职业介绍

2. 1. 3“职业培训包”介绍

2. 1. 4 培训模块选择

2. 2 培训指南

2. 2. 1 培训指南是什么

2. 2. 2 培训体系（培训方案）

参考：表 12—模块化培训体系（模板）。

2. 2. 3 培训计划

参考：表 13—培训计划（模板）。

2. 3 考核指南

2. 3. 1 考核指南是什么

2. 3. 2 考核指南

3. 资源包

资源包是什么

3. 1 课程资源

3. 1. 1 课程资源是什么

3. 1. 2 模块设计与开发

参考：表 14—模块（整体设计）与开发（模板）。

3. 1. 3 教学资源汇编

3. 2 学习资源

3. 2. 1 学习资源是什么

3.2.2 学习指南

内容介绍——可另附教材。

3.2.3 练习题册

内容介绍——可另附题册。

3.2.4 模拟试卷

3.3 信息资源

3.3.1 职业发展动态信息

3.3.2 “三新”技术应用案例汇编

6. 天津市“职业培训包”项目实施方案模板

项目编号	

天津市“职业培训包”项目

实施方案

项 目 名 称：______________________

项目负责人：______________________

申 报 单 位：______________________

合 作 单 位：______________________

日　　　期：______________________

天津市人力资源和社会保障局

各项目开发中标单位：

通过培训包开发指导培训，进一步理解培训包开发思路和方法，重新梳理申报项目的培训包开发内容，参考培训指导，按照各项内容完成时间节点要求，8个月内项目完成要求，组织项目开题，确定具体、可行的实施方案。

一、项目开题

开题活动简况：开题时间、地点、主持人、参与人员、内容等。

二、实施方案

要求具体明确、可操作，限3 000字左右。 1. 培训包开发内容； 2. 开发方法； 3. 组织、分工； 4. 进度安排； 5. 经费分配； 6. 成果清单； 7. 附件材料。

三、评议意见

专家评议要点：侧重于汇报要点可行性评价，并提出意见和建议。   评审专家签字： 年　　月　　日

7. 天津市“职业培训包”项目委托开发协议书模板

协议编号：*(甲方填写)*

培训包编码：*(乙方填写)*

天津市“职业培训包”项目
委托开发协议书

开 发 项 目 名 称：________________________

甲 方（委 托 方）：天津市“职业培训包”项目开发领导小组办公室

乙 方（受 托 方）：________________________

项目开发负责人：________________________

试验性培训机构：________________________

合 作 开 发 单 位：________________________

天津市人力资源和社会保障局制

按照甲方“职业培训包”项目开发招标要求，乙方进行项目开发竞标。依据评审结果，甲方委托乙方承担“职业培训包”项目开发工作。依据《合同法》、《著作权法》及有关规定，经甲乙双方充分协商，在真实、充分表达各自意愿的基础上，达成如下协议：

一、开发项目名称

甲方委托乙方开发__________“职业培训包”。职业代码__________；职业等级______级至______级；共______个培训包。

二、项目开发内容

（一）标准包——职业标准、培训标准、设施环境标准、师资配备标准、考核标准。

（二）指南包——职业指南、培训指南、考核指南。

（三）资源包——课程资源、学习资源、信息资源。

三、项目开发要求

（一）符合国家职业标准要求；

（二）适应本市经济社会发展水平对岗位技能的要求；

（三）适应新技术、新工艺、新材料、新设备发展需要；

（四）符合天津市“职业培训包”项目开发技术要求；

（五）整合优质社会资源，实行校企合作开发；

（六）符合天津市“职业培训包”项目开发其他要求。

四、开发时间

本协议委托开发的项目，乙方应于____年____月____日前向甲方提交项目开发实施方案，____年____月____日前向甲方提交阶段验收申请，____年____月____日前向甲方提交试验性培训报告，____年____月____日前向甲方提交结题验收申请。

五、乙方职责

（一）组建开发团队

职业培训包项目应实行校企合作开发。乙方应按项目申报要求，组建开发团队，广泛吸收本职业领域学科带头人和生产技术专家参加。指定项目负责人，具体实施本“职业培训包”项目开发工作。

（二）组织项目开发

乙方应按照本协议和《天津市“职业培训包”项目管理办法》、《天津市“职业培训包”项目开发指导书》和《天津市“职业培训包”项目开发模板》及有关要求，组织“职业培训包”项目开发，接受市培训包办公室及指派的专家指导，提交相关开发材料。

（三）组织阶段性成果论证

乙方应在项目开发实施方案制定、撰写开发文本（草案）、试验性培训、文本修改完善四个阶段性节点完成后，召开项目开发阶段性成果论证会，并根据专家意见对开发内容进行修改完善。论证专家人数为5～7人，论证专家应具有广泛的代表性，其中企业专家应占到专家总数的2/3以上。乙方项目开发阶段性成果论证应事先报告甲方，甲方根据需要指派一定数量的专家参加活动和论证会。

（四）事项变更申请

乙方拟变更项目负责人和项目组成员，改变成果形式和验收要点，调整开发内容，延长开发时间以及中止或撤销项目，需向市培训包办公室提出书面申请，经审批后方可变更。

（五）提交以下开发成果

1. 标准包

（1）职业标准：

A. 开发项目的最新版国家职业标准文本。

B. 开发的培训包职业标准文本。

C. 培训包职业标准对国家职业标准删减与增加内容汇总表。

D. 培训包职业标准论证报告。

E. 培训包职业标准调研档案。

（2）培训标准：

A. 依据培训包职业标准制定的培训标准文本。

B. 培训标准论证报告。

C. 培训标准调研档案。

（3）考核标准：

A. 国家职业技能鉴定规范文本。

B. 开发的培训包职业技能鉴定规范文本。

C. 开发的培训包职业技能鉴定规范对职业技能鉴定规范删减与增加内容说明。

(4) 师资配备标准。依据培训标准制定的师资配备标准文本。

(5) 培训场所环境标准。依据培训标准制定培训场所环境（包括设施设备、场地、培训条件、培训环境等）标准文本。

2. 指南包

(1) 职业指南。依据培训标准制定的职业指南文本。

(2) 培训指南。依据培训标准制定的培训指南文本。

(3) 考核指南。依据培训标准制定的考核指南文本。

3. 资源包

(1) 课程资源。为培训机构提供教学指导的材料，为培训对象提供系统学习的材料。

A. 模块化培训课程设计。

B. 模块化课程实训单元设计。

C. 培训课件。

D. 培训指南。

E. 教学辅助材料汇编（图片、录像、动画）。

F. 其他。

(2) 学习资源：

A. 学习材料。

B. 练习题册。

C. 职业技能鉴定样卷 1 套。

D. 其他。

(3) 信息资源：

A. 职业发展动态信息介绍。

B. 新技术应用案例汇编。

4. 试验性培训成果报告。

5. 阶段性成果论证报告。

6. 职业技能鉴定试卷（3 套）。

（六）开发经费筹措与管理

1. 经费筹措。乙方负责项目开发经费筹措，甲方给予开发经费资助。

2. 财务管理。乙方在财务管理制度下，建立“职业培训包”项目开发资金使用和审计制度，对项目开发经费具体管理。

（七）开发成果后续改进

乙方应依据新技术、新工艺、新材料、新设备和我市经济社会发展需要，每2～3年进行一次后续改进工作。

改进实施方案应提前1个月报送市培训包办公室，经审核批准后实施。

六、甲方责任

（一）管理天津市“职业培训包”项目开发，制定项目开发政策和技术文件，指派专家对乙方开发项目进行跟踪指导。

（二）对乙方提出的本协议第五条第四项内容变更申请，应在10个工作日内予以答复。

逾期不答复，视为同意乙方申请。

（三）给予乙方____万元（大写：____）的开发经费资助。在开发实施方案审核合格、阶段验收合格和结题验收合格后分三次拨付，拨付比例依次为20%、40%和40%。

（四）负责项目开发实施方案审核、阶段验收和结题验收。

（五）负责项目开发成果应用推广。

七、开发成果权益

乙方应依法取得开发“职业培训包”的知识产权。项目成果归甲乙双方共同所有，其中甲方享有项目开发成果处置权，乙方享有项目开发成果收益权。

（一）乙方应依法取得知识产权，并享有项目开发成果出版收益权。

（二）阶段性验收合格后，乙方可利用开发成果进行六个月的试验性培训。试验性培训享受政府职业培训补贴。

（三）乙方应按照市培训包办公室的要求，为其他培训机构提供开发成果、技术指导、师资培训等相关技术服务，由此产生的收益归项目开发单位所有。

八、开发成果推广

（ ）甲方负责“职业培训包”项目开发成果发布和面向职业院校、培训机构和行业，企业的应用推广。

（二）乙方应根据新技术、新工艺、新材料、新设备和我市经济社会发展使用情况，每2～3年对本开发成果进行一次后续改进。

改进实施方案应提前1个月报市培训包办公室，经甲方审核批准方可实施。

九、违约责任

（一）甲方逾期向乙方支付项目开发资助资金，造成项目开发时间延后的，项目开发时间可顺延。

（二）甲方对乙方提出的项目开发实施方案审核以及阶段验收和结题验收申请，应在20个工作日内进行审核和验收，逾期不审核和验收，造成项目开发时间延后的，项目开发时间可顺延。

（三）甲方对乙方提出的事项变更申请，应在10个工作日内予以答复，逾期不答复的，视为同意乙方申请。

（四）乙方开发的“职业培训包”，不得侵犯他人知识产权，如有侵犯，应承担由此带来的全部责任。乙方有保守项目开发材料和成果材料秘密的责任，如由泄露或将项目开发及成果材料交给他人使用，应承担由此带来的全部责任。

（五）乙方应按照本协议规定的进度开发“职业培训包”，按时提交项目开发实施方案、阶段验收和结题验收报告，未经批准，逾期15个工作日不提交的，甲方有权单方解除协议。

（六）乙方开发的“职业培训包”，甲方审核或验收不合格的，乙方应在甲方规定的期限内进行修改完善，经审核或验收仍不合格的，甲方有权单方解除本协议。

（七）乙方不按规定定期对开发的“职业培训包”进行后续改进的，甲方有权委托第三方进行后续改进。

（八）甲方单方解除开发协议、乙方未按规定使用项目开发资助资金以及项目开发阶段验收和结题验收不合格的，甲方有权追回已拨付的资助资金。

（九）甲乙双方应共同遵守本协议规定，因协议的解释或履行发生争议，由双方协商解决。协商不成，向甲方所在地人民法院诉讼裁决。

十、附则

（一）本协议的变更、续签及其他未尽事宜，双方签订补充协议确定。

（二）本协议自签字、盖章之日起生效。

（三）本协议一式四份，双方各执二份。

（四）附件：开发、试验性培训及合作单位基本情况

甲方（盖章）：	乙方（盖章）：
负责人：	负责人：
联系电话：	联系电话：
年 月 日	年 月 日

附件：

开发、试验性培训及合作单位基本情况

<table>
<tr><td rowspan="4">项目单位</td><td>单位名称</td><td colspan="5"></td></tr>
<tr><td>单位地址</td><td colspan="3"></td><td>邮编</td><td></td></tr>
<tr><td>开户银行</td><td colspan="3"></td><td>银行账名</td><td></td></tr>
<tr><td>银行账号</td><td colspan="5"></td></tr>
<tr><td rowspan="5">项目负责人</td><td>姓名</td><td></td><td>性别</td><td></td><td>身份证号</td><td></td></tr>
<tr><td>最高学历</td><td></td><td>学位</td><td></td><td>职称</td><td></td></tr>
<tr><td>职业资格</td><td></td><td>等级</td><td></td><td>职务</td><td></td></tr>
<tr><td>电话</td><td colspan="3"></td><td>邮箱</td><td></td></tr>
<tr><td>联系人</td><td colspan="3"></td><td>电话</td><td></td></tr>
<tr><td rowspan="3">试验性培训机构</td><td>单位名称</td><td colspan="3"></td><td>地址</td><td></td></tr>
<tr><td>机构性质</td><td colspan="3"></td><td>审批机关</td><td></td></tr>
<tr><td>职业技能培训资质（职业/等级）</td><td colspan="5"></td></tr>
<tr><td rowspan="6">合作开发单位（可多个合作开发单位）</td><td>单位名称</td><td colspan="3"></td><td>地址</td><td></td></tr>
<tr><td>主管部门</td><td colspan="3"></td><td>行业类别</td><td></td></tr>
<tr><td>联系人</td><td colspan="3"></td><td>电话</td><td></td></tr>
<tr><td>单位名称</td><td colspan="3"></td><td>地址</td><td></td></tr>
<tr><td>主管部门</td><td colspan="3"></td><td>行业类别</td><td></td></tr>
<tr><td>联系人</td><td colspan="3"></td><td>电话</td><td></td></tr>
</table>

8. 天津市“职业培训包”项目开发指导书（试行）

“职业培训包”项目开发指导书（试行）

为落实《天津市“职业培训包”项目开发实施方案》（津政办发〔2012〕61 号文件），推进“职业培训包”项目工作高质量完成，保证“职业培训包”开发目标的顺利实现，现就“职业培训包”项目开发做如下指导。

一、认识“职业培训包”

1. “职业培训包”命名与代码

“职业培训包”以《中华人民共和国职业分类大典》中的职业冠名，以职业资格等级打包。如维修电工职业含有五个培训包：维修电工初级资格（5 级）培训包、维修电工中级资格（4 级）培训包、维修电工高级资格（3 级）培训包、维修电工技师级资格（2 级）培训包、维修电工职业高级技师级资格（1 级）

培训包。

(1) 命名

命名格式：职业名称—等级资格培训包。

(2) 代码

代码格式：TJB+a+ (b) —+c

格式说明：

TJ：代表天津市。

B：代表“职业培训包”。

a位：职业（工种）名称编码，按国家标准统一编制代码。

b位：等级资格。初级（5级），中级（4级），高级（3级），技师（2级），高级技师（1级）。

c位：版本号，用罗马数字Ⅰ、Ⅱ、Ⅲ、Ⅳ、Ⅴ标记。

(3) 举例

数控车工中级资格（4）培训包，Ⅰ版本，代码为：TJB6040101（4）－Ⅰ。

2. “职业培训包”基本概念

“职业培训包”是依据国家职业标准，针对某一职业各层次的培训对象进行职业技能培训的资源总和（主要包括职业标准、教学内容、教材、教学形式、考核标准、师资标准、实训条件等）。

“职业培训包”培训模式是在国家职业标准和国家职业资格证书制度框架下，依据培训包职业标准、培训标准、师资配备标准、设备与环境配备标准，确立模块化、菜单式职业培训体系，规范培训内容、培训方法、培训过程、考核评价方式，将培训资源“集中打包”，理论实操“捆绑作业”的职业技能培训。“职业培训包”宗旨拟要保障职业技能培训与国家职业资格证书紧密对接，保障职业培训的针对性、可持续性、规范性和有效性。

3. “职业培训包”的构成与功能

“职业培训包”按职业资格等级打包，其框架构成含标准包、指南包、资源包三部分，如图 1 所示。

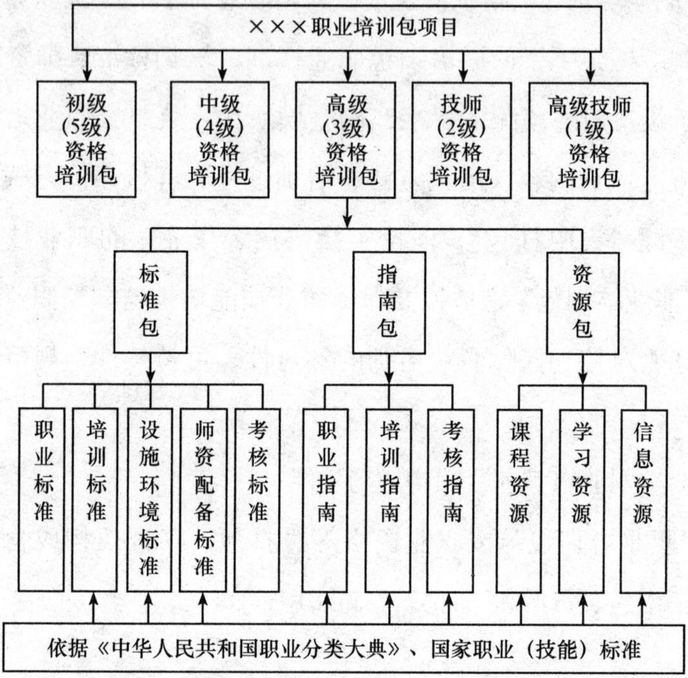

图1　培训包开发基本框架图

(1) 标准包

标准包是针对职业技能培训所做的统一规定，是指导职业技能培训的标准性文本和实施培训的依据，也是学员接受培训必须遵守的准则。标准包要对培训模式、培训内容、培训方法、师资队伍、设备与环境、培训考核等方面进行严格规范。

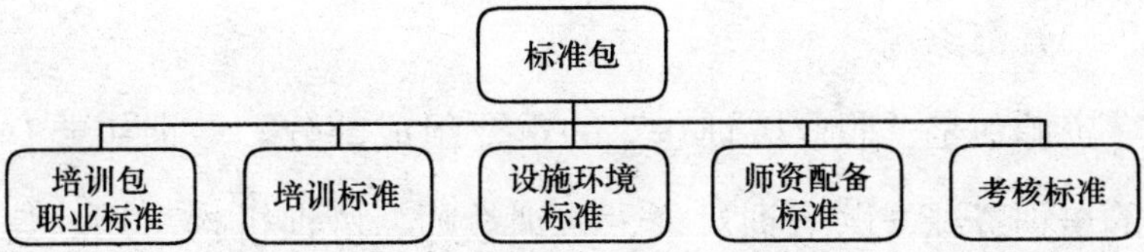

主要包括培训包职业标准、培训标准、设施环境标准、师资配备标准、考核标准五大部分。

(2) 指南包

指南包是供培训学员和培训教师了解、使用“职业培训包”的服务性文本。一是为培训学员提供职业培训、技能鉴定、职业介绍、就业咨询服务窗口。培训包要为培训学员推荐培训菜单，便于培训学员方便快捷地选择培训模块；培训包要为培训学员提供丰富的培训项目、大量的职业信息、就业岗位信息，为培训学员培训、择业、就业搭建服务平台。二是为培训教师提供职业技能培训组织、教学和规范管理的技术性和指导性文本。培训包中的培训指南即为培训教师必须执行的培训大纲或培训方案。

主要包括职业指南（“职业培训包”介绍)、培训指南（模块化培训体系、培训计划)、考核指南三大部分。

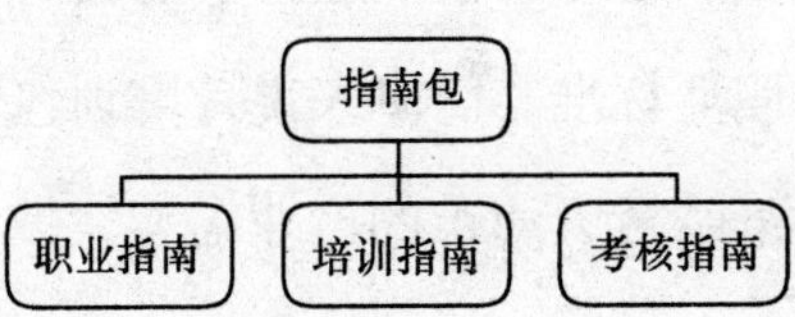

(3) 资源包

资源包是“职业培训包”的重要组成部分。培训包要有丰富的培训资源，供培训对象、培训教师、培训机构享用。其资源的先进性和可操作性，不仅方便教师直接选用，而且能为教师采用先进的教学手段提供方便，是培训教师上岗组织培训、指导学员训练的得力工具；其丰富的学习、信息资源，要成为培训学员即时学习和训练的好帮手。

主要包括课程资源、学习资源、信息资源三大部分。

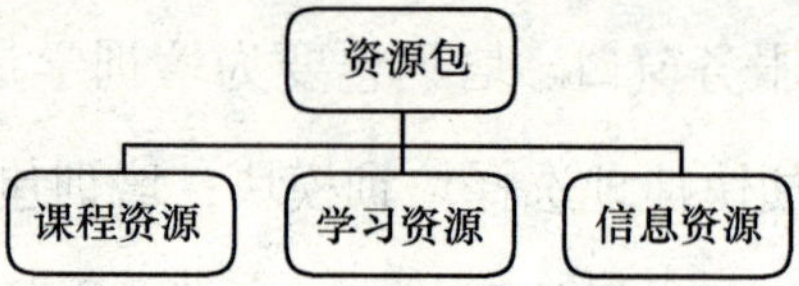

二、“职业培训包”开发指导

(一) 培训包职业标准开发

1. 培训包职业标准是什么

培训包职业标准是对国家职业标准的提升标准，是适于培训包培训模式的职业标准。简单来说，培训包职业标准是在国家职业标准框架下结合天津市的产业需要，扩充新内容和新要求，包括职业功能、工作内容、技能要求、相关知识等方面内容而形成的提升标准（对国家职业标准有保留、有增项、有减项）。国家职业标准和新开发的培训包职业标准即为“职业培训包”开发的依据。

2. 培训包职业标准开发工作任务、标准要求

第一项任务：采取多种形式和手段，深入细致地做好职业岗位工作调研。

各开发团队要充分认识培训包职业标准开发的重要性，把培训包职业标准开发作为第一重要工作。因为它是整个项目开发的基础，是创新培训包培训模式，建立培训包资源的源头。项目负责人必须带领开发团队，高度重视，并采取多种形式和手段（如报告、问卷、座谈、采访、现场表演、参观），以认真科学的态度，在天津市域具有代表性的高技术产业企业中，深入细致地开展调研工作，从实际工作岗位上采集第一手资料，保证调研内容全面、真实、可靠。

第二项任务：建立调研档案，做好调研准备和调研组织工作，按调研场次建档立案，保留纪实材料。

纪实材料内容包括：企业名称、企业性质、规模、人员身份，调研方法、调研时间、地点、调研岗位、调研内容、调研过程、调研结果等。

第三项任务：完成高质量的培训包职业标准开发调研报告。

调研报告是培训标准产生的重要基础，其重点要综合论述调研对象（全部调研企业明细，包括名称、性质、人员）、调研方法、调研岗位、调研场次、调研过程、调研结果等内容。

第四项任务：提交培训包职业标准开发调研报告的 2 个必备附件。

附件 1：调研档案纪实材料。

附件 2：国家职业标准提升依据汇总表。

第五项任务：完成培训包职业标准文本撰写。

第六项任务：组织进行培训包职业标准开发论证工作，并提交论证报告。

3. 培训包职业标准开发步骤

步骤一，深入研究国家职业标准。

认真学习国家职业标准，全面掌握国家职业标准基本框架与基本内容，深刻领会国家职业标准按职业等级提出的职业功能、工作内容、技能要求、相关知识的基本内涵。

步骤二，认真做好职业岗位工作情况调查研究。

首先，要在高端技术产业区域，选择大量行业、企业单位，采取多种方式广泛调查了解当前职业岗位工作内容、工作任务、“三新”技术应用情况，做好调查记录，立档建案。

其次，分析研究现行的国家职业标准与目前天津产业生产实际不相适应的方面、内容，分析不适应覆盖面大小，调查不适应企业所占比例。

再次，依照国家职业标准框架对职业功能、工作内容、技能要求及相关知识等方面内容提出保留内容、增减内容，提出保留、增项、减项的依据，完成国家职业标准提升依据汇总表（模板见表 1：国家职业标准提升依据汇总表）。

最后，完成调研报告（模板见表 2：培训包职业标准调研报告）。

步骤三，在充分调研基础上按国家职业标准框架撰写各等级培训包职业标准草稿（模板见表 3：培训包职业标准）。

步骤四，按职业进行各等级培训包职业标准论证

首先，各开发单位要按职业召开培训包职业标准论证会，聘请企业行业专家对各等级培训包职业标准内容进行充分论证、交流。必须保留论证记录。

其次，按等级梳理修改培训包职业标准内容。

最后，提交论证报告（模板见表 4：培训包项目专家论证报告）。

步骤五，完成修改稿。

4. 开发完成时间

全部材料 2 月底完成。

5. 检查验收材料清单

（1）国家职业标准提升依据汇总表一份。

（2）培训包职业标准开发调查报告一份。

（3）培训包职业标准文本一份。

（4）培训包职业标准论证报告一份。

（5）培训包职业标准调研档案一份。

6. 培训包职业标准开发相关文本撰写模板

表 1　　**国家职业标准提升依据汇总表（模板）**

××× 职业中级资格（4）－Ⅰ国家职业标准提升依据汇总表

例如，维修电工（TJB6070605）中级资格（4）－Ⅰ国家职业标准提升依据汇总表

职业功能	工作内容	技能要求	相关知识	保留/删减/增加	依据国企	依据民企	依据其他
1.×××	1-1×××	1-1-1×××	1-1-1×××		×××名称、比例	×××名称、比例	×××名称、比例
		1-1-2×××	1-1-2×××		×××名称、比例	×××名称、比例	×××名称、比例
	1-2×××	1-2-1×××	1-2-1×××		×××名称、比例	×××名称、比例	×××名称、比例
		1-2-2×××	1-2-2×××		×××名称、比例	×××名称、比例	×××名称、比例
		1-2-3×××	1-2-3×××		×××名称、比例	×××名称、比例	×××名称、比例
	1-3×××	1-3-1×××	1-3-1×××		×××名称、比例	×××名称、比例	×××名称、比例
		1-3-2×××	1-3-2×××		×××名称、比例	×××名称、比例	×××名称、比例

续表

职业功能	工作内容	技能要求	相关知识	保留/删减/增加	依据国企	依据民企	依据其他
2. ××	2-1××	2-1-1××	2-1-1××		××名称、比例	××名称、比例	××名称、比例
		2-1-2××	2-1-2××		××名称、比例	××名称、比例	××名称、比例
		2-1-3××	2-1-3××		××名称、比例	××名称、比例	××名称、比例
	2-2××	2-2-1××	2-2-1××		××名称、比例	××名称、比例	××名称、比例
		2-2-2××	2-2-2××		××名称、比例	××名称、比例	××名称、比例
	2-3××	2-3-1××	2-3-1××		××名称、比例	××名称、比例	××名称、比例
		2-3-2××	2-3-2××		××名称、比例	××名称、比例	××名称、比例
		2-3-3××	2-3-3××		××名称、比例	××名称、比例	××名称、比例

表 2　　　　　培训包职业标准调研报告（模板）

培训包职业标准调研报告

——×××职业中级资格（4）－Ⅰ

目录

1. 调研对象综述

企业名称明细、企业性质、企业规模、人员身份等

2. 调研场次说明

调研时间、地点、内容

3. 调研方法综述

4. 调研岗位综述

5. 调研过程综述

6. 调研结果综述

编写正文

表 3　　培训包职业标准（模版）

×××职业中级资格（4）—Ⅰ培训包职业标准

例如，维修电工（TJB6070605）中级资格（4）—Ⅰ培训包职业标准

工作要求

职业功能	工作内容	技能要求	相关知识
1. ×××	1-1×××	1-1-1×××	1-1-1×××
		1-1-2×××	1-1-2×××
	1-2×××	1-2-1×××	1-2-1×××
		1-2-2×××	1-2-2×××
		1-2-3×××	1-2-3×××
	1-3×××	1-3-1×××	1-3-1×××
		1-3-2×××	1-3-2×××
2. ×××	2-1×××	2-1-1×××	2-1-1×××
		2-1-2×××	2-1-2×××
		2-1-3×××	2-1-3×××

续表

职业功能	工作内容	技能要求	相关知识
2. ×××	2-2×××	2-2-1×××	2-2-1×××
		2-2-2×××	2-2-2×××
		2-2-3×××	2-2-3×××
3. ×××	3-1×××	3-1-1×××	3-1-1×××
		3-1-2×××	3-1-2×××
	3-2×××	3-2-1×××	3-2-1×××
		3-2-2×××	3-2-2×××
	3-3×××	3-3-1×××	3-3-1×××
		3-3-2×××	3-3-2×××
		3-3-3×××	3-3-3×××

续表

职业功能	工作内容	技能要求	相关知识
基本要求			
职业道德			
基础知识			

表 4　　　　培训包项目专家论证报告（模板）

开发单位盖章　　　　　　　　　　日期：2013 年　　月　　日

开发单位				
论证项目				
组织论证单位				
论证时间				
论证地点				
论证专家组	组长姓名	职务/职称	单位名称	企业性质
	成员姓名	职务/职称	单位名称	企业性质
	1.			
	2.			
	3.			
	4.			
	5.			
	6.			

续表

论证意见	
专家签字	

注：论证专家组成员为5～7人。

（二）培训标准开发

1. 培训标准是什么

培训标准是培训机构组织实施技能培训的纲领性文本，是衡量评价培训对象的知识、技能、素质水准的依据。培训标准所设定的培训内容源于且高于培训包职业标准。培训标准开发就是要依据国家职业标准和培训包职业标准所确定的职业功能、工作内容、技能要求及相关知识，开发与培训内容相关的标准性文本，将培训标准与从业人员的职业知识、职业技能、职业道德三个方面培训目标建立一一相对应关系，对职业培训适应范围提出严格要求，以保证职业培训内容与国家职业标准、国家职业资格认证紧密对接。

2. 培训标准开发工作任务、标准要求

第一项任务：深入企业职业岗位，做好岗位工作指标的调研。

培训标准开发是培训包开发的难点。各项目开发团队要对应培训包职业标准中的职业功能和岗位工作内容，在不同性质企业寻找多个典型工作岗位，调查每个岗位工作任务，了解其工艺流程，熟悉技能操作规程，工作质量标准，分析研究每项技能工作为达到质量指标对从业人员的能力要求，分析岗位所需的知识、技能、素质水准，为确立岗位工作能力单元要素和实作指标找到科学依据。

第二项任务：依据职业功能和岗位工作内容划分能力单元(单项工作任务)，归纳确立能力单元要素和实作指标，确立培训后应达到的学历水平和能力水平。

能力单元是对任务和技能的描述，是培训对象需要完成的单项任务；能力单元要素阐述能力单元基本学习目标，包括职业知识、职业技能、职业道德；实作指标是对需要完成的任务和技能指标的描述，也是培训鉴定指标的依据。

注意：能力要素中对文明生产、职业习惯、团队合作等也要提出明确具体的要求。如工作现场准备布置，工具、材料准备，工作区域清洁，设备维护，记录信息。

第三项任务：建立能力单元编码。

为方便开发内容编写，方便明示模块化培训体系、培训标准与培训包职业标准建立的对应关系，对各能力单元建立能力单元编码。

第四项任务：确立能力单元要素和实作指标适用范围。

考虑到企业及工作场所之间的差异，要对各单元任务涉及的领域、设施设备使用范围、工具材料、工作标准要求、职场健康与安全、产品质量要求进行描述，以示规范。要求结合生产实际，并体现新技术、新工艺、新材料的应用要求，重点可从下述几方面详细说明。

（1）实作对象：描述岗位工作涉及领域及所面临的实操新型设备，包括类型、规格、配置等。

（2）工作标准要求：描述岗位工作工艺流程及规范要求、质量标准要求，提出按操作规程进行工作的要求等。

（3）工具材料：描述完成岗位工作任务必备的辅助设施、工具、材料等，包括类型、数量等。

（4）场所环境：废物处理、噪声、灰尘控制、清洁管理等。

（5）健康与安全：劳动保护规定用品、安全设施、安全操作规范等。

第五项任务：撰写培训标准草稿。

第六项任务：培训标准论证与修改。

3. 培训标准开发步骤

步骤一，分组做好岗位工作指标调研

首先，在培训包职业标准调研的基础上，分组到不同企业，抓住重点岗位、有代表性的岗位，了解岗位工作内容、任务要求，了解岗位工作指标，做好调查记录，建档立案。

其次，结合调研情况和目前社会培训实际，分析每一项技能工作对从业人员的能力项目要求和能力标准要求，分析岗位所需的知识、技能、素质水准。

最后，论证学员培训后理应达到的学习水平和能力水平。

步骤二，编写能力单元要素和实作指标细目。

首先，依据职业功能和岗位工作内容划分能力单元，建立能力单元编码。

其次，从典型工作任务出发，基于工作过程，分析从业人员应有的技术水准及能力款项，并从职业知识、职业技能、职业道德三个方面提出具体能力单元要素，在技术专家的指导下将工作需要的能力要素进行梳理、归纳，系列化、规范化。

最后，编写能力单元要素和实作指标细目（模板见表 5：能力单元要素和实作指标细目）。

步骤三，确立能力单元要素和实作指标适用范围（模板见

表6：能力单元要素和实作指标适用范围汇总）。

步骤四，完成培训标准撰写草稿。

步骤五，完成培训标准论证，提交论证报告（模板见表4）。

步骤六，培训标准文本修改。

4. 开发完成时间

全部材料3月底完成。

5. 检查验收材料清单

（1）培训标准文本一份（主要含能力单元要素和实作指标细目表，能力单元要素和实作指标适用范围汇总表）。

（2）培训标准论证报告一份。

（3）培训标准调研档案一套。

6. 培训标准开发相关文本撰写模板

表 5　　能力单元要素和实作指标细目（模板）

×××职业中级资格（4）－Ⅰ培训标准－能力单元要素和实作指标细目 例如，维修电工（TJB6070605）中级资格（4）－Ⅰ培训标准			
职业功能（模块）	工作内容（能力单元）	能力单元要素（阐述能力单元基本学习目标，包括职业知识、职业技能、职业道德）	实作指标（确定能力要素的技术水平）
1. ×××	1-1×××	1-1-1×××	1-1-1-1××× 1-1-1-2×××
		1-1-2×××	1-1-2-1××× 1-1-2-2×××
		1-1-3×××	1-1-3-1××× 1-1-3-2×××
	1-2×××	1-2-1×××	1-2-1-1××× 1-2-1-2×××
		1-2-2×××	1-2-2-1××× 1-2-2-2×××

续表

<table>
<tr><td>职业功能
（模块）</td><td>工作内容
（能力单元）</td><td colspan="2">能力单元要素
（阐述能力单元基本学习目标，
包括职业知识、职业技能、职业道德）</td><td>实作指标
（确定能力要素
的技术水平）</td></tr>
<tr><td rowspan="6">1. ×××</td><td>1-3×××</td><td colspan="2"></td><td></td></tr>
<tr><td colspan="4">培训后达到水平</td></tr>
<tr><td>水平综述</td><td colspan="3"></td></tr>
<tr><td>职业道德</td><td colspan="3"></td></tr>
<tr><td colspan="2">学习水平
（培训对象获得学习成果）</td><td colspan="2">能力水平
（培训对象展示能力）</td></tr>
<tr><td colspan="2"></td><td colspan="2"></td></tr>
<tr><td>备注</td><td colspan="4"></td></tr>
</table>

续表

<table>
<tr><th>职业功能
（模块）</th><th colspan="2">工作内容
（能力单元）</th><th>能力单元要素
（阐述能力单元基本学习目标，
包括职业知识、职业技能、职业道德）</th><th>实作指标
（确定能力要素
的技术水平）</th></tr>
<tr><td rowspan="7">2. ×××</td><td colspan="2" rowspan="2">2-×××</td><td></td><td></td></tr>
<tr><td></td><td></td></tr>
<tr><td colspan="2" rowspan="2">2-2×××</td><td></td><td></td></tr>
<tr><td></td><td></td></tr>
<tr><td colspan="4">培训后达到水平</td></tr>
<tr><td>水平综述</td><td colspan="3"></td></tr>
<tr><td>职业道德</td><td colspan="3"></td></tr>
</table>

续表

<table>
<tr><td>职业功能
（模块）</td><td>工作内容
（能力单元）</td><td colspan="2">能力单元要素
（阐述能力单元基本学习目标，
包括职业知识、职业技能、职业道德）</td><td>实作指标
（确定能力要素
的技术水平）</td></tr>
<tr><td rowspan="2">2. ×××</td><td colspan="2">学习水平
（培训对象获得学习成果）</td><td colspan="2">能力水平
（培训对象展示以下能力）</td></tr>
<tr><td colspan="2"></td><td colspan="2"></td></tr>
<tr><td>备注</td><td colspan="2"></td><td colspan="2"></td></tr>
</table>

表 6 能力单元要素和实作指标适用范围汇总（模板）

×××职业中级资格（4）－Ⅰ培训标准－能力单元要素和实作指标适用范围汇总 例如，维修电工（TJB6070605）中级资格（4）－Ⅰ培训标准					
职业功能（模块）	工作内容（能力单元）	适用范围			
		实作对象	工作标准	工具材料	场所环境
1. ×××	1-1×××				
	1-2×××				
	1-3×××				
2. ×××	2-1×××				
	2-2×××				

（三）考核标准开发

1. 考核标准是什么

考核标准是客观、公正、公平、实事求是地评价学员培训成果，客观衡量培训学员的知识、技能、素质水准的评价规则，也是实施职业技能鉴定考核的依据。其中包括考核项目、考核内容、考核比重、考核评分、考核时间、鉴定指南等，要与国家职业资格认证考核（职业技能鉴定考核）相统一。

2. 考核标准开发的工作任务、标准要求

第一项任务：确定考核内容。

考核内容不能脱离培训标准中的能力单元要素和实作指标。要用表格列出鉴定考核要点细目（包括理论基础和技能要点）。注意参考国家职业标准提出的基础知识。

第二项任务：确定考核比重表（参考国家职业标准）。

第三项任务：确定考核时间（参考国家职业标准）。

第四项任务：确定评价方式（创新建立考核评价方案）。

确定最优的考核方式，创新与培训包培训模式相适宜的考核评价模式，也是培训包开发的难点之一。对不同职业、不同等级考核可采取不同的方式，也可能是几种考核方式结合在一起。特别是实操考核，对以下方式建议作深入探讨，并加以实践论证：

（1）现场观摩考核；

（2）虚拟考核；

（3）项目实操考核；

（4）笔试考核；

（5）口试考核；

（6）作品展示考核；

（7）综合评审。

第五项任务：明确鉴定规范标准。

（1）培训包要对鉴定范围提出明确的要求：

1）实操鉴定应在职场或模拟环境下进行。

2）按照培训包职业标准、安全操作规范、职场健康安全法规要求进行鉴定。

（2）培训包要对鉴定方法提出明确的要求：

1）鉴定方法必须确认基础知识与技能的一致性和准确性。

2）鉴定中必须采取直接观察工作任务的完成情况、询问知识点掌握情况、考察知识与技能结合情况、考察职业素质情况的方法。

3）鉴定必须在项目相关的状况下进行，要求提供过程证据。

4）鉴定的证据收集由鉴定机构提供。

3. 考核标准开发步骤

步骤一，确定考核内容。提交鉴定考核要点细目表（包括理论基础和技能要点）（见表7：鉴定考核要点细目）。

步骤二，确定考核比重表［见表8：考核比重表（理论）、表9：考核比重表（技能操作）］。

步骤三，确定考核时间。

步骤四，确定考核方案，按鉴定考核形式进行鉴定考核方案开发设计。

步骤五，明确鉴定规范标准，形成文本。

4. 开发完成时间

全部材料4月底完成。

5. 检查验收材料清单

（1）鉴定考核要点细目表。

（2）考核比重表（理论、技能操作）。

（3）考核鉴定方案设计。

（4）鉴定规范标准（文本）。

6. 考核标准开发相关文本编写模板

表 7　　鉴定考核要点细目（模板）

理论知识（基础知识、相关知识）	
考核内容	知识点
1. ×××	(1) ××× (2) ××× (3) ××× (4) ××× (5) ××× (6) ××× (7) ×××
2. ×××	(1) ××× (2) ××× (3) ××× (4) ××× (5) ×××
操作技能	
考核内容	技能要点
1. ×××	(1) ××× (2) ××× (3) ×××
2. ×××	(1) ××× (2) ××× (3) ×××

表 8　　　　考核比重表（理论）（模板）

<table>
<tr><td colspan="4">×××职业×××级资格（×××）－Ⅰ考核比重表（理论）
例如，维修电工（TJB6070605）中级资格（4）－Ⅰ考核比重表（理论）</td></tr>
<tr><td colspan="3">项目</td><td>比重（%）</td></tr>
<tr><td rowspan="2">基本要求</td><td colspan="2">职业道德</td><td></td></tr>
<tr><td colspan="2">基础知识</td><td></td></tr>
<tr><td rowspan="8">相关知识</td><td rowspan="3">1.（提示：对应功能）×××</td><td>1-1（提示：对应工作内容）×××</td><td></td></tr>
<tr><td>1-2×××</td><td></td></tr>
<tr><td>1-3×××</td><td></td></tr>
<tr><td rowspan="3">2.×××</td><td>2-1×××</td><td></td></tr>
<tr><td>2-2×××</td><td></td></tr>
<tr><td>2-3×××</td><td></td></tr>
<tr><td rowspan="2">3.×××</td><td>3-1×××</td><td></td></tr>
<tr><td>3-2×××</td><td></td></tr>
<tr><td colspan="3">合计</td><td>100</td></tr>
</table>

表 9　　考核比重表（技能操作）（模板）

<table>
<tr><td colspan="4">×××职业×××级资格（×××）—Ⅰ考核比重表（技能操作）
例如，维修电工（TJB6070605）中级资格（4）—Ⅰ考核比重表（技能操作）</td></tr>
<tr><td colspan="3">项目</td><td>比重（%）</td></tr>
<tr><td rowspan="8">技能要求</td><td rowspan="3">1.（提示：对应功能）×××</td><td>1-1（提示：对应工作内容）×××</td><td></td></tr>
<tr><td>1-2×××</td><td></td></tr>
<tr><td>1-3×××</td><td></td></tr>
<tr><td rowspan="3">2.×××</td><td>2-1×××</td><td></td></tr>
<tr><td>2-2×××</td><td></td></tr>
<tr><td>2-3×××</td><td></td></tr>
<tr><td rowspan="2">3.×××</td><td>3-1×××</td><td></td></tr>
<tr><td>3-2×××</td><td></td></tr>
<tr><td colspan="3">合计</td><td>100</td></tr>
</table>

（四）师资配备标准开发

1. 师资配备标准是什么

为保证培训质量和效果，培训包要对培训教师提出严格的标准要求，包括任职基本条件、职业素质和能力水平要求等。

2. 师资配备标准开发工作任务、标准要求

第一项任务：确定教师任职基本条件。

要求至少要明确以下几方面：学历（大专以上）；从事本职业工作多少年以上；有技师、高级技师资格等级（职业资格比学员至少高一等级）；获得“培训包”师资培训证等。

第二项任务：明确教师职业素质和能力水平要求。

包括：爱岗敬业品质、职业道德、职业培训教育经历、水平和能力。

第三项任务：教师数量配备。

原则：以培训班为单位，对不同等级培训，其规模可按照10人/班、20人/班、40人/班定制，教师配备2～4人/班不等。

教师配备不低于国家职业标准。

3. 开发步骤

步骤一，确定教师任职基本条件。

步骤二，明确教师职业素质和能力水平要求。

步骤三，教师数量配备。

步骤四，完成文稿。

4. 开发完成时间

全部材料 4 月底完成。

5. 检查验收材料清单

师资配备标准文稿。

（五）培训场所环境标准开发

1. 培训场所环境标准是什么

场所环境标准就是满足培训包培训模式要求的培训与考核场所要求、职场环境要求及设施设备条件等。

2. 场所环境标准开发工作任务、标准要求

第一项任务：确定培训、考核设施标准。

培训包培训对理论场所、实操场所提出严格的标准要求，包括场地条件、设备条件、安全条件、劳动保护条件等。

理论培训场所设施（按单班培训设置标准） 按照国家标准教室设置	
场地条件	*面积、间数等*
设备条件	*桌椅、多媒体设备、网络设备等*

续表

安全条件	照明、通风、出入畅通、安静
实操培训场所设施（按单班培训设置标准）	
场地条件	面积、间数：凡需室外训练场地的执行有关规定
设备条件	设备列出清单，台套数量能够满足一个培训班级的实操需要
安全条件	照明、通风、出入畅通、安全、消防
劳动保护设施	

第二项任务：确定职场环境标准。

按企业生产氛围建设职场环境。主要对以下方面建立标准：

(1）设施、设备布局；

(2）培训场所职业氛围；

(3）培训场所维护制度，安全文明生产制度。

第三项任务：确定设备配备标准（清单）。

按培训包培训标准配置设备及辅助工具材料等。

3. 开发步骤

步骤一，确定培训、考核设施标准（见表 10：场所设施标准）。

步骤二，确定职场环境标准。

步骤三，确定设备配备标准（清单）［见表 11：设备配备标准（清单）］。

步骤四，完成文稿。

4. 开发完成时间

全部材料 4 月底完成。

5. 检查验收材料清单

场所环境标准文稿。

6. 场所环境标准开发相关文本编写模板

表 10　　　　　　场所设施标准（模板）

×××职业×××级资格（×××）－Ⅰ场所设施标准 例如，维修电工（TJB6070605）中级资格（4）－Ⅰ场所设施标准	
理论培训场所设施（单班培训设置标准） *按照国家标准教室设置*	
场地条件	
设备条件	
安全条件	
实操培训场所设施（按单班培训设置标准）	
场地条件	
设备条件	
安全条件	
劳动保护设施	

表 11　　设备配备标准（清单）（模板）

×××职业×××级资格（×××）－Ⅰ设备配备标准（清单） 例如，维修电工（TJB6070605）中级资格（4）－Ⅰ设备配备标准（清单）						
职业功能	工作内容	实训项目	设备配备			
			名称	型号规格	数量（个、台、套）	工具材料
		提示：结合模块化培训体系构建完成此项				

（六）职业指南开发

1. 职业指南是什么

为培训学员了解职业工作、职业认证，了解培训项目、培训模式的服务性文本。

2. 职业指南开发工作任务、标准要求

第一项任务：撰写职业介绍。

详细描述职业定义、工作职位（岗位）、工作任务、内容、工作场所、专业技术背景、基本职业素质、专业技能、职业认证、就业前景等内容。

第二项任务：撰写“职业培训包”介绍。

对“职业培训包”整体内容进行描述。包括如下内容。

培训目的：从职业知识、职业技能、职业道德三个方面阐述通过培训达到的标准与水平。

培训对象：适应不同需求的人群。

培训目标：取得相应等级的职业资格证书或专项技能。具体阐述经过培训后本职业专业理论与职业技能达到的水平。

培训包框架内容：框图如图 1 所示。

培训模块：选重点介绍。

培训时数：一般说明总课时数和模块课时数，可参考国家职业标准学时。

培训特点：一般描述。

（1）项目化培训特色：由生产项目导入学习和训练内容，从“用”入手“学”，使学习内容与训练项目紧密结合，理论与实操结合。

（2）职业化培训特色：职业技能培训，必须体现职业属性，把企业对职业属性的要求体现在培训包中，把学习训练过程与生产过程结合，把培训过程作为生产能力培养过程。

（3）模块化（菜单式）培训特色：借鉴国际劳工组织开发的 MES 模式，按照职业或岗位应具备的职能划分模块，紧密结合任务模块中完成典型工作任务应具备的知识、技能和综合职业能力要求设计模块内容，其中每个单项知识和技能又作为任务模块中的能力单元。以此建立模块化培训体系，方便不同层次人员选择适宜的模块或能力单元培训学习。

（4）新技术应用培训特色：根据行业、企业需求，不断拓展“职业培训包”覆盖的职业范围，同时根据职业发展情况，不断调整更新“职业培训包”的内容，保持技术的先进性。

第三项任务：编写培训学员选择模块方法介绍。

（1）培训模块选择指导。

（2）培训项目选择指导。

（3）考核方式选择指导。

3. 开发步骤

步骤一，撰写职业介绍。

步骤二，撰写“职业培训包”介绍。

步骤三，撰写培训学员模块选择方法。

步骤四，完成职业指南文稿。

4. 开发完成时间

全部材料4月底完成。

5. 检查验收材料清单

职业指南文稿。

（七）培训指南开发

1. 培训指南是什么

包括模块化（菜单式）培训体系，即培训方案和培训计划。模块化培训体系是培训包的重要部分，是按技能认知、形成的规律设计的培训方案。其中包括对培训内容、培训模块、培训评价的具体描述，对培训条件、培训方法的具体说明。

2. 培训指南开发工作任务、标准要求

第一项任务：课程码编制。

模块化课程编码格式：a+（b）—+c—+d

a位：职业（工种）编码，按国家标准统一编制代码。

b位：等级码。5—初级，4—中级，3—高级，2—技师，

1—高级技师

c位：版本号，用罗马数字Ⅰ、Ⅱ、Ⅲ、Ⅳ、Ⅴ标记。

d位：课程码，00，01，02，03，04，05。

编码案例：

课程6040101（3）－Ⅰ－04——数控车，Ⅰ版本，高级工，数控车床维护与故障诊断训练课程。

第二项任务：搭建培训体系框架。

模块化划分方法：

（1）按照职业功能、岗位任务划分模块，紧密结合在任务模块中完成典型工作应具备的知识、技能和综合职业能力要求设计模块课程，而其中每个单项知识和技能又作为任务模块中的能力单元。

一门模块化课程可对应职业标准中的一个或几个“职业功能”。每个能力单元对应职业标准中的一项工作内容。一个能力单元对应一个实训项目，一个实训项目中可含多项实训任务。

（2）每个实训任务必须与培训标准中的能力单元要素（学习目标）和技能实作指标建立对应关系。用恰当方式详细、具体表述培训内容、过程、方法、手段等内容，使培训者能够清楚了解整个培训体系（或模块）结构（见表12：模块化培训体系）。

第三项任务：编写培训计划。培训计划用表格形式呈现。

（1）课程类型：采用“一体化”教学方式。

（2）培训形式：多媒体教学、现场教学或其他。

（3）课程资源：课程资源包所含的资源，还有其他参考资料如参考书、网站、专业影像资料、课件、软件、学校或企业参观等。

（4）学时：每个培训包学时数不低于国家职业标准的规定。

（5）培训环境条件：

一般要求：实训现场环境要求，设备，工具、材料等。

特殊要求：水、电、气，其他。

（6）考核鉴定：包括鉴定申报，审批；考核时间、地点，准考证确定；理论考核、实操考核组织（见表13：培训计划）。

3. 开发步骤

步骤一，完成课程码编制。

步骤二，搭建培训体系框架。

步骤三，编写培训计划。

步骤四，完成培训指南文稿。

4. 开发完成时间

全部材料4月底完成。

5. 检查验收材料清单

（1）培训体系。

（2）培训计划。

（3）培训指南文稿。

6. 培训指南开发相关文本编写模板

表 12　模块化培训体系（模板）

×××职业×××级资格（×××）－Ⅰ模块化培训体系 例如，维修电工（TJB6070605）中级资格（4）－Ⅰ模块化培训体系					
模块课	课程代码	能力单元	能力单元编码	实训项目（任务）	学时
×××		1. ×××		实训项目一 实训任务 1 实训任务 2	
		2. ×××		实训项目二 实训任务 1 实训任务 2	
×××		3. ×××		实训项目三 实训任务 1 实训任务 2	

续表

模块课	课程代码	能力单元	能力单元编码	实训项目（任务）	学时
×××		4. ×××		实训项目四 实训任务 1 实训任务 2	
×××					

表 13　　培训计划（模板）

<table>
<tr><td colspan="8">×××职业×××级资格（×××）－Ⅰ培训计划
例如，维修电工（TJB6070605）中级资格（4）－Ⅰ培训计划</td></tr>
<tr><td rowspan="2">序号</td><td colspan="3">培训模块</td><td rowspan="2">课程类型
（培训形式）</td><td rowspan="2">培训环
境条件</td><td rowspan="2">课程
资源</td><td rowspan="2">课时</td></tr>
<tr><td>类型</td><td>模块代码</td><td>模块课程名称</td></tr>
<tr><td>1</td><td>此处为模块类型</td><td></td><td></td><td></td><td></td><td></td><td></td></tr>
<tr><td>2</td><td></td><td></td><td></td><td></td><td></td><td></td><td></td></tr>
<tr><td>3</td><td></td><td></td><td></td><td></td><td></td><td></td><td></td></tr>
<tr><td>4</td><td></td><td></td><td></td><td></td><td></td><td></td><td></td></tr>
<tr><td colspan="2">考核（鉴定）</td><td colspan="6">鉴定申报：（明确申报条件、鉴定费用、报名手续等）
考核时间：　　理论：　　实操：
考核地点：
考核准备：（明确学员考前准备、注意事项等）</td></tr>
</table>

三、实施计划

1. 开班报名

明确任务、要求、组织责任，明确报名手续。

2. 开班动员

明确任务、要求、组织责任，包括安全教育等。

3. 课表安排

4. 培训及考核场所、设备、环境准备

明确任务、要求、组织责任，包括安全条件等。

（八）考核指南开发

1. 考核指南是什么

培训包要为学员技能考核提供服务窗口。包括申报条件介绍、考核形式介绍、考核细目介绍、报考方法介绍、证书情况介绍。

2. 考核指南开发的工作任务、标准要求

要求编写内容描述清晰、翔实，便于理解，便于操作，用框图、图表形式更直观。

第一项任务：申报条件介绍。

第二项任务：考核形式介绍。

第三项任务：编写各等级鉴定考核要素细目。

第四项任务：报考办法介绍。

(1) 报名程序。

(2) 报名信息。

第五项任务：证书样本介绍、证书查询介绍。

3. 开发步骤

步骤一，编写申报条件介绍。

步骤二，编写考核形式介绍。

步骤三，编写各等级鉴定考核要素细目。

步骤四，编写报考办法介绍。

步骤五，完成考核指南文稿。

4. 开发完成时间

全部材料 4 月底完成。

5. 检查验收材料清单

考核指南文稿。

(九) 课程资源开发

1. 课程资源是什么

课程资源是为培训对象提供的系统学习材料，是为培训机构提供的教学指导材料。课程资源是培训包开发的动态资源。重点是模块（整体设计）与开发，教学资源积累。

2. 课程资源开发的工作任务、标准要求

第一项任务：模块设计与开发。

以模块课程—实训项目为设计单元。

第二项任务：教学资源汇编（图片、录像、动画）。

自行开发。

第三项任务：完成文本。

3. 开发步骤

步骤一，模块设计与开发［见表 14：模块（整体设计）与开发］。

步骤二，教学资源汇编。

步骤三，编写课程资源文本。

4. 开发完成时间

全部材料 4 月底完成。

5. 检查验收材料清单

（1）模块设计与开发。

（2）教学资源汇编。

（3）课程资源文稿。

6. 课程资源开发相关文本编写模板

表 14　　模块（整体设计）与开发（模板）

<table>
<tr><td colspan="4">×××职业×××级资格（×××）－Ⅰ模块（整体设计）与开发
例如，维修电工（TJB6070605）中级资格（4）—Ⅰ模块（整体设计）与开发</td></tr>
<tr><td>模块化课程名称</td><td></td><td>课程代码</td><td></td></tr>
<tr><td>能力单元名称</td><td></td><td>能力单元代码</td><td></td></tr>
<tr><td>实训项目名称</td><td></td><td>学时数</td><td></td></tr>
<tr><td colspan="4">【项目背景描述】

【实训技能示意】

实训任务 1：
实训内容：
1.
2.
3.
学习目标：
1.
2.
3.
技能实作指标：
1.
2.
实训任务 2：
实训内容：
1.</td></tr>
</table>

续表

2.

3.

学习目标：

1.

2.

3.

技能实作指标：

1.

2.

3.

实训任务 3：

实训内容：

1.

2.

3.

学习目标：

1.

2.

3.

技能实作指标：

1.

2.

3.

【模块仿真试题】

续表

【实操考核评分】

实训任务	配分	各项内容评分标准（扣分）
		[1] [2] [3] [4] [5] [6]
		[1] [2] [3] [4] [5]
		[1] [2] [3] [4] [5]
安全文明生产	违反安全文明生产规程扣 5～30 分	
定额时间 30 分钟	每超时 2 分钟扣 1 分，超时 10 分钟后不再作答	
备注	除定额时间外，各项目最高扣分不超过配分数	

开始时间		结束时间		实际时间		成绩	

（十）学习资源开发

1. 学习资源是什么

学习资源是为保证培训质量，方便学员学习、训练的资料，包括：学习指南、练习题册、模拟试卷等。

2. 学习资源开发的工作任务、标准要求

第一项任务：学习指南开发。

这是开发的重点之一，为学习指导教材。

第二项任务：编写练习题册。

为学员日常练习之用。

第三项任务：编写模拟试卷 10 套。

为学员最终总结复习之用。

3. 开发步骤

步骤一，编写学习指导。

步骤二，编写练习题。

步骤三，编写模拟试卷。

4. 开发完成时间

全部材料 5 月底完成。

5. 检查验收材料清单

（1）学习指南。

（2）练习题册。

(3) 模拟试卷10套。

(十一) 信息资源开发

1. 信息资源是什么

信息资源是让培训包的使用者更多地了解、熟悉职业领域发展的动态及基本状况的多种途径。如：职业领域信息介绍、职业技术水平案例展示等。

2. 信息资源开发工作任务、标准要求

第一项任务：职业发展动态信息介绍。

第二项任务：职业技能新技术应用案例汇编。

第三项任务：其他，自主开发。

3. 开发步骤

步骤一，收集、编写职业发展动态信息介绍。

步骤二，收集、编写职业技能新技术应用案例汇编。

4. 开发完成时间

全部材料5月底完成。

5. 检查验收材料清单

(1) 新技术动态信息介绍。

(2) 职业技能水平项目案例。

四、“职业培训包”项目工作流程

1. 三阶段工作流程

“职业培训包”项目周期约8个月，按三个阶段进行：项目开发阶段；项目试验阶段；项目结题验收阶段。其工作流程如下：

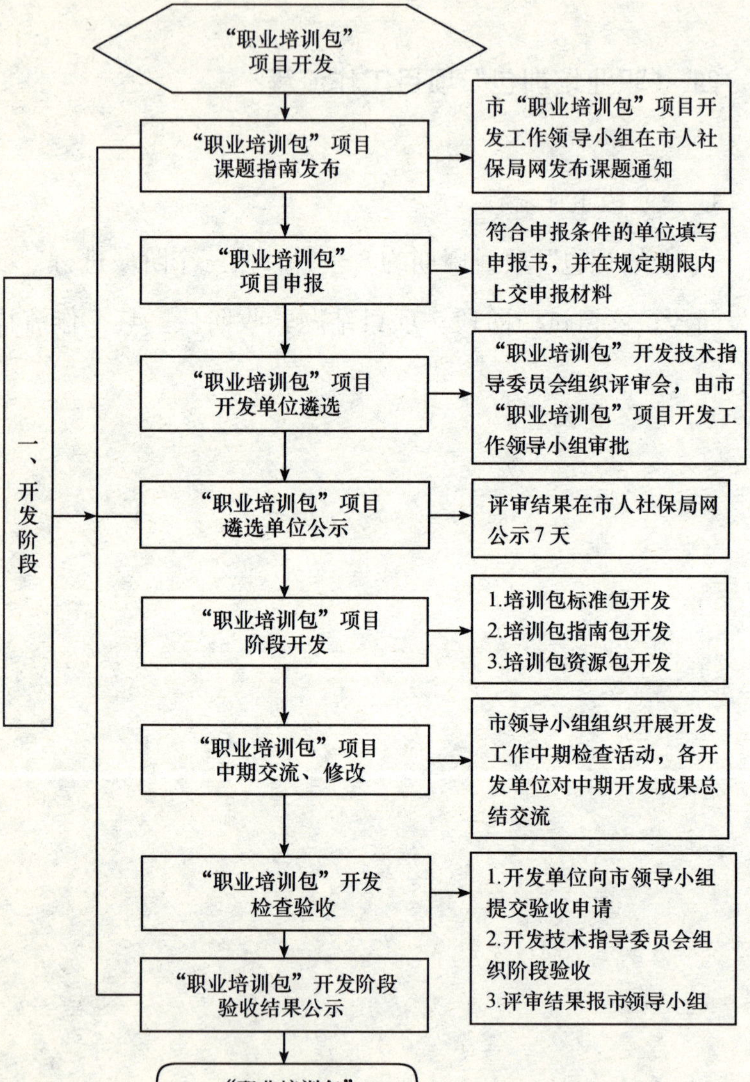
“职业培训包”
项目开发
“职业培训包”项目
课题指南发布
市“职业培训包”项目开发工作领导小组在市人社保局网发布课题通知
“职业培训包”
项目申报
符合申报条件的单位填写申报书，并在规定期限内上交申报材料
“职业培训包”项目
开发单位遴选
“职业培训包”开发技术指导委员会组织评审会，由市“职业培训包”项目开发工作领导小组审批
一、开发阶段
“职业培训包”项目
遴选单位公示
评审结果在市人社保局网公示7天
“职业培训包”项目
阶段开发
1.培训包标准包开发
2.培训包指南包开发
3.培训包资源包开发
“职业培训包”项目
中期交流、修改
市领导小组组织开展开发工作中期检查活动，各开发单位对中期开发成果总结交流
“职业培训包”开发
检查验收
1.开发单位向市领导小组提交验收申请
2.开发技术指导委员会组织阶段验收
3.评审结果报市领导小组
“职业培训包”开发阶段
验收结果公示
“职业培训包”
项目开发结束

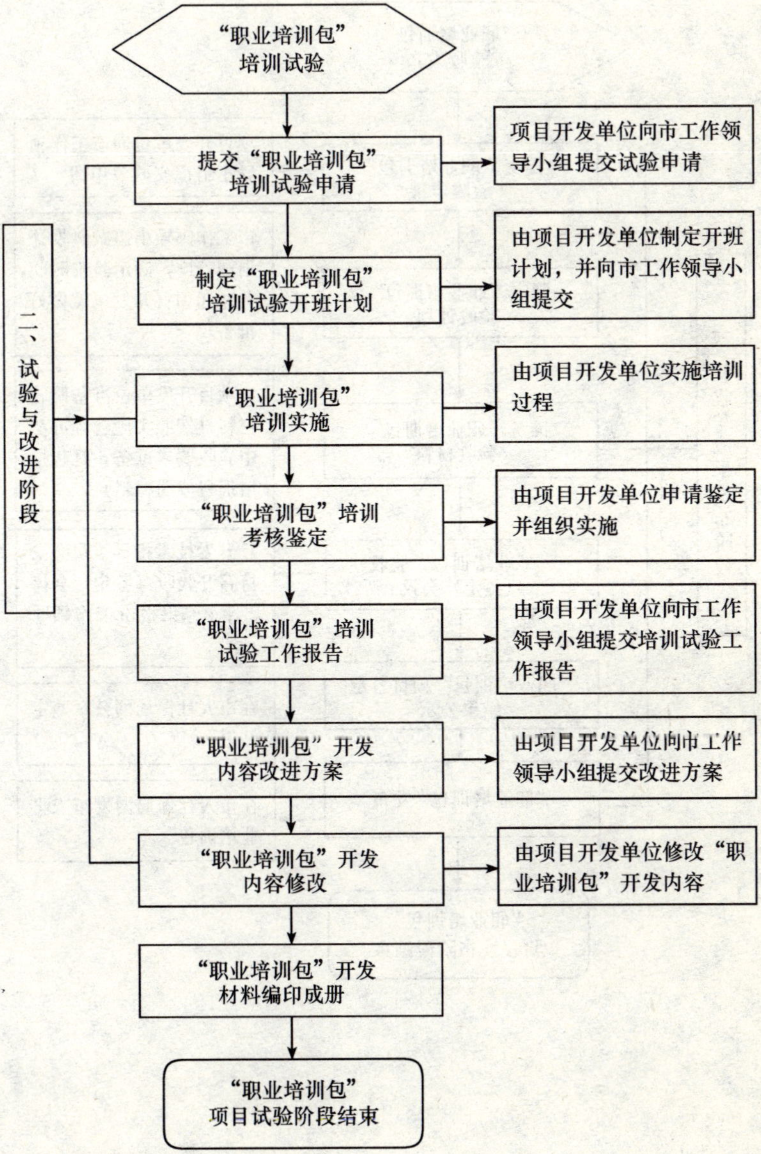
“职业培训包”
培训试验
提交“职业培训包”
培训试验申请
项目开发单位向市工作领导小组提交试验申请
制定“职业培训包”
培训试验开班计划
由项目开发单位制定开班计划，并向市工作领导小组提交
“职业培训包”
培训实施
由项目开发单位实施培训过程
“职业培训包”培训
考核鉴定
由项目开发单位申请鉴定并组织实施
“职业培训包”培训
试验工作报告
由项目开发单位向市工作领导小组提交培训试验工作报告
“职业培训包”开发
内容改进方案
由项目开发单位向市工作领导小组提交改进方案
“职业培训包”开发
内容修改
由项目开发单位修改“职业培训包”开发内容
“职业培训包”开发
材料编印成册
“职业培训包”
项目试验阶段结束
二、试验与改进阶段

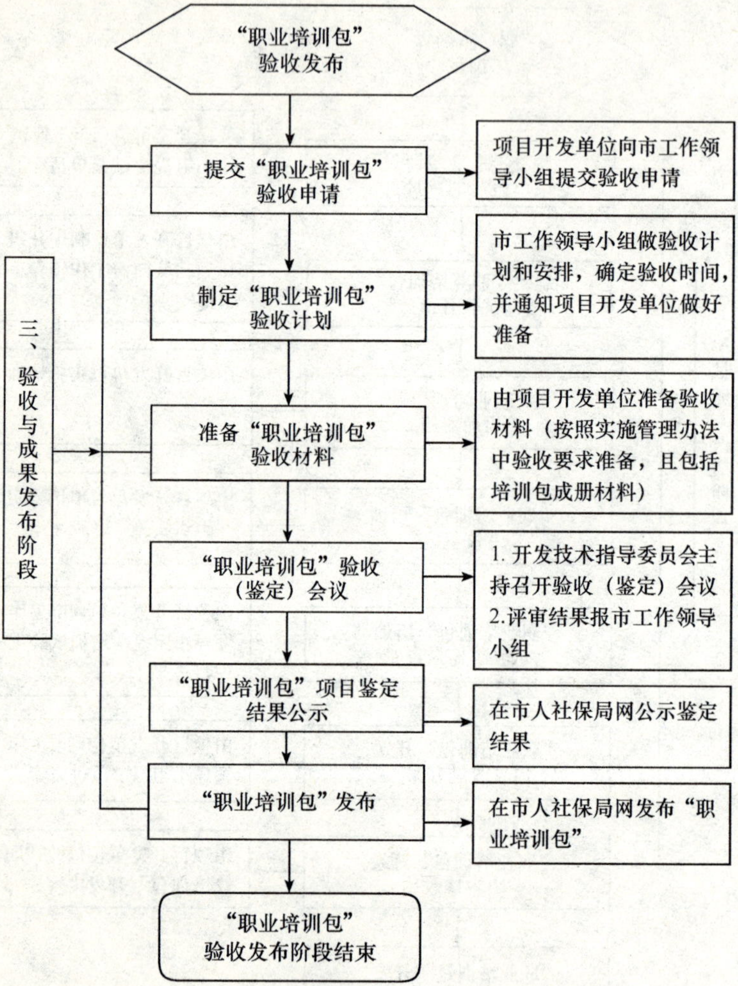
“职业培训包”
验收发布
提交“职业培训包”
验收申请
项目开发单位向市工作领导小组提交验收申请
制定“职业培训包”
验收计划
市工作领导小组做验收计划和安排，确定验收时间，并通知项目开发单位做好准备
三、验收与成果发布阶段
准备“职业培训包”
验收材料
由项目开发单位准备验收材料（按照实施管理办法中验收要求准备，且包括培训包成册材料）
“职业培训包”验收
（鉴定）会议
1. 开发技术指导委员会主持召开验收（鉴定）会议
2.评审结果报市工作领导小组
“职业培训包”项目鉴定
结果公示
在市人社保局网公示鉴定结果
“职业培训包”发布
在市人社保局网发布“职业培训包”
“职业培训包”
验收发布阶段结束

2. 时间节点要求

工作周期：8 个月。

2 月 25 日前——提交项目开发实施方案。提交地点：____。

2—5 月——完成全部开发文本。

6 月——中期检查验收、修改文本。

7—8 月——培训试验。

9 月——文本修改，终结验收。

五、开发成果技术要求（培训包文本要求）

1. 各职业项目负责人负责各等级包文本统稿。
2. 各职业按统一规格要求排版。
3. 各职业按统一风格设计文本封面。
4. 各职业按统一规格装订成册。

9. 天津市“职业培训包”项目评估细则（试行）

天津市“职业培训包”项目评估细则（试行）

项目开发单位名称：________________

填　报　时　间：________________

Ⅰ-1 职业标准

<table>
<tr><td colspan="2">Ⅰ—1—1 企业调研</td></tr>
<tr><td colspan="2">评价内容：
在国家职业标准框架下结合天津产业需要，扩充新内容和新要求，包括职业功能、工作内容、技能要求、新技术应用、相关知识形成的提升标准。
验收要点：
企业调研报告、形成调研报告的佐证材料（调研实施方案、实施过程记录）。</td></tr>
<tr><td colspan="2">评分细则：（满分 30 分）
1. 调研 30 家以上中型企业。（30 分）
2. 调研 20～30 家中型企业。（20 分）
3. 调研 10～20 家中型企业。（10 分）
4. 调研 5～10 家中型企业。（5 分）
5. 调研 5 家以下中型企业不计分。</td></tr>
<tr><td colspan="2">本条目开发成果及备查材料名称：
开发单位填写。</td></tr>
<tr><td rowspan="2">专家评估意见及得分：</td><td>得分</td></tr>
<tr><td></td></tr>
</table>

<table>
<tr><td colspan="2">Ⅰ—1—2 专家论证</td></tr>
<tr><td colspan="2">评价内容：
在国家职业标准框架下结合天津产业需要，扩充新内容和新要求，包括职业功能、工作内容、技能要求、新技术应用，相关知识形成的提升标准。
验收要点：
专家论证报告、专家论证活动的相关佐证材料（专家论证工作设计方案、实施安排、实施结果）。</td></tr>
<tr><td colspan="2">评分细则：（满分 20 分）
1. 专家论证一次。（10 分）
2. 专家论证两次。（15 分）
3. 专家论证三次以上。（20 分）</td></tr>
<tr><td colspan="2">本条目开发成果及备查材料名称：
开发单位填写。</td></tr>
<tr><td rowspan="2">专家评估意见及得分：</td><td>得分</td></tr>
<tr><td></td></tr>
</table>

Ⅰ－1－3 标准文本	
评价内容： *在国家职业标准框架下结合天津产业需要，扩充新内容和新要求，包括职业功能、工作内容、技能要求、新技术应用、相关知识形成的提升标准。* 验收要点： *职业标准文本。*	
评分细则：（满分 20 分） *1. 职业培训包职业标准文本齐全。（15 分）* *2. 国家职业标准提升依据汇总表。（5 分）* *3. 不完整以 5 分为单位扣分。*	
本条目开发成果及备查材料名称： *开发单位填写。*	
专家评估意见及得分：	得分

Ⅰ－2培训标准

<table>
<tr><td colspan="2">Ⅰ－2－1培训标准文本</td></tr>
<tr><td colspan="2">评价内容：
培训标准是培训机构组织实施职业培训过程控制的纲领性标准文本，是各个培训机构达到统一培训水准和质量的依据，具有科学统一性培训模式和质量的可复制性的标准文本。
验收要点：
培训标准文本、能力单元要素、实作指标细目表。</td></tr>
<tr><td colspan="2">评分细则：（满分30分）
1. 培训标准项目齐全、完整，能力单元要素和实作指标细目表。（20分）
2. 能力单元要素和实作指标适用范围汇总。（10分）
3. 不完整以5分为单位扣分。</td></tr>
<tr><td colspan="2">本条目开发成果及备查材料名称：
开发单位填写。</td></tr>
<tr><td rowspan="2">专家评估意见及得分：</td><td>得分</td></tr>
<tr><td></td></tr>
</table>

<table>
<tr><td colspan="2">Ⅰ—2—2 专家论证</td></tr>
<tr><td colspan="2">评价内容：
培训标准是培训机构组织实施职业培训过程控制的纲领性标准文本，是各个培训机构达到统一培训水准和质量的依据，具有科学统一性培训模式和质量的可复制性的标准文本。
验收要点：
专家论证报告及过程资料（专家组成科学、合理的说明材料）。</td></tr>
<tr><td colspan="2">评分细则：（满分 40 分）
1. 专家组成构成合理。（20 分）
2. 专家论证一次 10 分，两次 15 分，三次及以上 20 分。</td></tr>
<tr><td colspan="2">本条目开发成果及备查材料名称：
开发单位填写。</td></tr>
<tr><td rowspan="2">专家评估意见及得分：</td><td>得分</td></tr>
<tr><td></td></tr>
</table>

Ⅰ－2－3 实践验证	
评价内容： 　　*培训标准是培训机构组织实施职业培训过程控制的纲领性标准文本，是各个培训机构达到统一培训水准和质量的依据，具有科学统一性培训模式和质量的可复制性的标准文本。* 验收要点： 　　*实践性培训过程资料。*	
评分细则：（满分40分） 　　*1. 组织实践性培训培训学员20人以上一次20分（培训学员名册、总结报告）。* 　　*2. 其他机构组织实践性培训，培训学员20人以上一次20分（培训学员名册、总结报告）。*	
本条目开发成果及备查材料名称： 　　*开发单位填写。*	
专家评估意见及得分：	得分

Ⅰ—2—4 市场推广	
评价内容： *培训标准是培训机构组织实施职业培训过程控制的纲领性标准文本，是各个培训机构达到统一培训水准和质量的依据，具有科学统一性培训模式和质量的可复制性的标准文本。* 验收要点： *外省市合作开展培训工作过程资料。*	
评分细则：（满分 30 分） *邀请外省市使用培训，培训学员 20 人以上一次 30 分（培训学员名册、总结报告）。*	
本条目开发成果及备查材料名称： *开发单位填写。*	
专家评估意见及得分：	得分

Ⅰ-3 考核标准

<table>
<tr><td colspan="2">Ⅰ—3—1 考核标准文本</td></tr>
<tr><td colspan="2">评价内容：
考核标准是客观、公正、公平、实事求是评价学员培训成果，引导激励学员自主学习，客观衡量培训学员的知识、技能、素质水准的评价规则，是职业资格鉴定考核的依据。在本市及外省市有一定的认可度。
验收要点：
考核标准文本。</td></tr>
<tr><td colspan="2">评分细则：（满分 10 分）
考核标准文本齐全 10 分，不完整以 5 分为单位扣分。</td></tr>
<tr><td colspan="2">本条目开发成果及备查材料名称：
开发单位填写。</td></tr>
<tr><td rowspan="2">专家评估意见及得分：</td><td>得分</td></tr>
<tr><td></td></tr>
</table>

Ⅰ-3-2 实验鉴定效果

评价内容：

考核标准是客观、公正、公平、实事求是评价学员培训成果，引导激励学员自主学习，客观衡量培训学员的知识、技能、素质水准的评价规则，是职业资格鉴定考核的依据。在本市及外省市有一定的认可度。

验收要点：

实验性考核鉴定资料（含考核鉴定方案、设计、实施过程记录、实验结果总结）。

评分细则：（满分 20 分）

1. 组织实验性考核鉴定，鉴定学员 20 人（鉴定学员名册、总结报告）。(10 分)

2. 其他培训机构实验性考核鉴定。(10 分)

本条目开发成果及备查材料名称：

开发单位填写。

专家评估意见及得分：	得分

Ⅰ－3－3 推广效果	
评价内容： *考核标准是客观、公正、公平、实事求是评价学员培训成果，引导激励学员自主学习，客观衡量培训学员的知识、技能、素质水准的评价规则，是职业资格鉴定考核的依据。在本市及外省市有一定的认可度。* 验收要点： *与外省市合作开展实验性鉴定工作过程资料。*	
评分细则：（满分 20 分） *外省市实验性鉴定一次 20 分（鉴定学员名册、总结报告）。*	
本条目开发成果及备查材料名称： *开发单位填写。*	
专家评估意见及得分：	得分

Ⅰ－4师资配备标准

Ⅰ－4－1师资配备标准	
评价内容： *师资的任职条件应满足一体化职业培训能力的要求，满足或达到企业学员所需求的培训效果的师资配备。* 验收要点： *师资配备标准文本。*	
评分细则：（满分10分） *师资配备标准文本齐全，体现职业培训师资要求特点。（10分）*	
本条目开发成果及备查材料名称： *开发单位填写。*	
专家评估意见及得分：	得分

Ⅰ—4—2 师资配备理论依据	
评价内容： *师资的任职条件应满足一体化职业培训能力的要求，满足或达到企业学员所需求的培训效果的师资配备。* 验收要点： *师资配备研究性成果、过程资料等。*	
评分细则：（满分 10 分） *师资配备研究成果（课题报告、论文等）。（10 分）*	
本条目开发成果及备查材料名称： *开发单位填写。*	
专家评估意见及得分：	得分

<table>
<tr><td colspan="2">Ⅰ—4—3 专家论证</td></tr>
<tr><td colspan="2">评价内容：
师资的任职条件应满足一体化职业培训能力的要求，满足或达到企业学员所需求的培训效果的师资配备。
验收要点：
专家论证报告及过程资料。</td></tr>
<tr><td colspan="2">评分细则：（满分 20 分）
1. 专家组成结构合理。（10 分）
2. 论证报告。（10 分）</td></tr>
<tr><td colspan="2">本条目开发成果及备查材料名称：
开发单位填写。</td></tr>
<tr><td rowspan="2">专家评估意见及得分：</td><td>得分</td></tr>
<tr><td></td></tr>
</table>

<table>
<tr><td colspan="2">Ⅰ－4－4 实验验证</td></tr>
<tr><td colspan="2">评价内容：
师资的任职条件应满足一体化职业培训能力的要求，满足或达到企业学员所需求的培训效果的师资配备。
验收要点：
对师资配备情况的实验验证工作记录及分析总结报告。</td></tr>
<tr><td colspan="2">评分细则：（满分 20 分）
1. 实验性培训师资使用情况分析。（10 分）
2. 其他培训机构实验性培训师资配备情况分析。（10 分）</td></tr>
<tr><td colspan="2">本条目开发成果及备查材料名称：
开发单位填写。</td></tr>
<tr><td rowspan="2">专家评估意见及得分：</td><td>得分</td></tr>
<tr><td></td></tr>
</table>

Ⅰ－5 培训场地标准

Ⅰ－5－1 标准文本	
评价内容： *培训场所环境标准按职业培训包培训模式设置理论场所设施、实训场所设施设备、考核场所设施设备。* 验收要点： *培训场地环境标准文本。*	
评分细则：（满分 10 分） *培训场地环境标准文本齐全。（10 分）*	
本条目开发成果及备查材料名称： *开发单位填写。*	
专家评估意见及得分：	得分

Ⅰ－5－2 场地设置依据	
评价内容： *培训场所环境标准按职业培训包培训模式设置理论场所设施、实训场所设施设备、考核场所设施设备。* 验收要点： *培训场地、设施情况资料。*	
评分细则：（满分 15 分） *1. 场地面积合理。（5 分）* *2. 设备设施合理。（5 分）* *3. 环境要求符合国家规定。（5 分）*	
本条目开发成果及备查材料名称： *开发单位填写。*	
专家评估意见及得分：	得分

Ⅰ—5—3 专家论证	
评价内容： 　　*培训场所环境标准按职业培训包培训模式设置理论场所设施、实训场所设施设备、考核场所设施设备。* 验收要点： 　　*专家论证报告及过程资料。*	
评分细则：（满分 15 分） 　　*1. 专家组成结构合理。（5 分）* 　　*2. 专家论证一次。（10 分）*	
本条目开发成果及备查材料名称： 　　*开发单位填写。*	
专家评估意见及得分：	得分

<table>
<tr><td colspan="2">Ⅰ—5—4 实验验证</td></tr>
<tr><td colspan="2">评价内容：
培训场所环境标准按职业培训包培训模式设置理论场所设施、实训场所设施设备、考核场所设施设备。
验收要点：
实验性培训分析报告及组织过程资料。</td></tr>
<tr><td colspan="2">评分细则：（满分 10 分）
1. 组织实验性培训分析报告。（5 分）
2. 其他培训机构实验性培训分析报告。（5 分）</td></tr>
<tr><td colspan="2">本条目开发成果及备查材料名称：
开发单位填写。</td></tr>
<tr><td rowspan="2">专家评估意见及得分：</td><td>得分</td></tr>
<tr><td></td></tr>
</table>

Ⅱ－1 职业指南

<table>
<tr><td colspan="2">Ⅱ－1－1 职业指南文本</td></tr>
<tr><td colspan="2">评价内容：
　　职业指南是为培训学员了解职业内容特点、职业认证，了解培训项目、培训模式的服务性文本。
验收要点：
　　职业指南文本、各类反馈情况的相关资料。</td></tr>
<tr><td colspan="2">评分细则：（满分 20 分）
　　1. 职业指南文本符合要求。（10 分）
　　2. 企业、失业人员选择反馈。（5 分）
　　3. 其他培训机构反馈意见。（5 分）</td></tr>
<tr><td colspan="2">本条目开发成果及备查材料名称：
　　开发单位填写。</td></tr>
<tr><td rowspan="2">专家评估意见及得分：</td><td>得分</td></tr>
<tr><td></td></tr>
</table>

<table>
<tr><td colspan="2">Ⅱ－1－2 企业调研报告</td></tr>
<tr><td colspan="2">评价内容：
职业指南为培训学员了解职业内容特点、职业认证，了解培训项目、培训模式服务性文本。
验收要点：
企业调研报告及调研过程资料。</td></tr>
<tr><td colspan="2">评分细则：（满分 20 分）
1. 该职业企业调研数量 10 家以上并形成调研报告。（10 分）
2. 该职业企业调研数量 20 家以上并形成调研报告。（15 分）
3. 该职业企业调研数量 30 家以上并形成调研报告。（20 分）</td></tr>
<tr><td colspan="2">本条目开发成果及备查材料名称：
开发单位填写。</td></tr>
<tr><td rowspan="2">专家评估意见及得分：</td><td>得分</td></tr>
<tr><td></td></tr>
</table>

Ⅱ－1－3 专家论证	
评价内容： *职业指南为培训学员了解职业内容特点、职业认证，了解培训项目、培训模式服务性文本。* 验收要点： *专家论证报告及过程资料。*	
评分细则：（满分 20 分） *1. 专家组成结构合理。（10 分）* *2. 专家论证一次 5 分，论证两次以上 10 分。*	
本条目开发成果及备查材料名称： *开发单位填写。*	
专家评估意见及得分：	得分

<table>
<tr><td colspan="2">Ⅱ—1—4 企业论证</td></tr>
<tr><td colspan="2">评价内容：
　　职业指南为培训学员了解职业内容特点、职业认证，了解培训项目、培训模式服务性文本。
验收要点：
　　企业论证报告。</td></tr>
<tr><td colspan="2">评分细则：（满分 20 分）
　　1. 组织 5 家企业论证。（10 分）
　　2. 组织 10 家企业论证。（15 分）
　　3. 组织 15 家企业论证。（20 分）</td></tr>
<tr><td colspan="2">本条目开发成果及备查材料名称：
　　开发单位填写。</td></tr>
<tr><td rowspan="2">专家评估意见及得分：</td><td>得分</td></tr>
<tr><td></td></tr>
</table>

Ⅱ－2 培训指南

Ⅱ－2－1 培训指南文本	
评价内容： *培训指南是依据培训标准建立的模块化（菜单式）培训体系，是供培训学员按自我需求进行选择性受训的服务性文本。* 验收要点： *培训指南文本。*	
评分细则：（满分 20 分） *1. 培训指南文本符合要求。（20 分）* *2. 不完整按项目扣分，以 5 分为单位。*	
本条目开发成果及备查材料名称： *开发单位填写。*	
专家评估意见及得分：	得分

Ⅱ－2－2 模块化培训体系	
评价内容： *培训指南是依据培训标准建立的模块化（菜单式）培训体系，是供培训学员按自我需求进行选择性受训的服务性文本。* 验收要点： *培训体系相关资料。*	
评分细则：（满分 60 分） *1. 建立基础模块的培训体系。（30 分）* *2. 在基础模块基础上有拓展模块。（15 分）* *3. 在基础模块基础上有行业模块。（15 分）*	
本条目开发成果及备查材料名称： *开发单位填写。*	
专家评估意见及得分：	得分

<table>
<tr><td colspan="2">Ⅱ—2—3 实验验证</td></tr>
<tr><td colspan="2">评价内容：
培训指南是依据培训标准建立的模块化（菜单式）培训体系，是供培训学员按自我需求进行选择性受训的服务性文本。
验收要点：
关于培训指南的实验验证记录及相关分析报告。</td></tr>
<tr><td colspan="2">评分细则：（满分 20 分）
有实验性培训记录和分析报告。（20 分）</td></tr>
<tr><td colspan="2">本条目开发成果及备查材料名称：
开发单位填写。</td></tr>
<tr><td rowspan="2">专家评估意见及得分：</td><td>得分</td></tr>
<tr><td></td></tr>
</table>

Ⅱ—2—4 企业效果反馈	
评价内容： *培训指南是依据培训标准建立的模块化（菜单式）培训体系，是供培训学员按自我需求进行选择性受训的服务性文本。* 验收要点： *企业反馈报告及相关过程材料。*	
评分细则：（满分 20 分） *1. 深入 5 家企业反馈意见。（10 分）* *2. 深入 10 家企业反馈意见（问卷、座谈会）。（20 分）*	
本条目开发成果及备查材料名称： *开发单位填写。*	
专家评估意见及得分：	得分

Ⅱ－3 考核指南

<table>
<tr><td colspan="2">Ⅱ－3－1 考核指南文本</td></tr>
<tr><td colspan="2">评价内容：
考核指南是职业培训包为培训学员提供考核服务的窗口。
验收要点：
考核指南文本。</td></tr>
<tr><td colspan="2">评分细则：（满分 10 分）
1. 考核指南文本符合要求。（10 分）
2. 不完整按项目扣分，以 5 分为单位。</td></tr>
<tr><td colspan="2">本条目开发成果及备查材料名称：
开发单位填写。</td></tr>
<tr><td rowspan="2">专家评估意见及得分：</td><td>得分</td></tr>
<tr><td></td></tr>
</table>

<table>
<tr><td colspan="2">Ⅱ—3—2 专家论证报告</td></tr>
<tr><td colspan="2">评价内容：
考核指南是职业培训包为培训学员提供考核服务的窗口。
验收要点：
专家论证报告及过程资料。</td></tr>
<tr><td colspan="2">评分细则：（满分 20 分）
1. 专家组成员结构合理。（10 分）
2. 专家论证一次。（10 分）</td></tr>
<tr><td colspan="2">本条目开发成果及备查材料名称：
开发单位填写。</td></tr>
<tr><td rowspan="2">专家评估意见及得分：</td><td>得分</td></tr>
<tr><td></td></tr>
</table>

<table>
<tr><td colspan="2">Ⅱ—3—3 实验验证分析</td></tr>
<tr><td colspan="2">评价内容：
考核指南是职业培训包为培训学员提供考核服务的窗口。
验收要点：
学员反馈报告及相关过程资料。</td></tr>
<tr><td colspan="2">评分细则：（满分 15 分）
1. 组织培训学员反馈形成分析报告。（10 分）
2. 培训学员 100 人以上 5 分，以下不计分。</td></tr>
<tr><td colspan="2">本条目开发成果及备查材料名称：
开发单位填写。</td></tr>
<tr><td rowspan="2">专家评估意见及得分：</td><td>得分</td></tr>
<tr><td></td></tr>
</table>

Ⅱ—3—4 企业反馈	
评价内容： *考核指南是职业培训包为培训学员提供考核服务的窗口。* 验收要点： *企业反馈过程资料。*	
评分细则：（满分 15 分） *企业反馈 10 家以上 15 分，以下 5 分，没有不计分。*	
本条目开发成果及备查材料名称： *开发单位填写。*	
专家评估意见及得分：	得分

Ⅲ－1课程资源

Ⅲ－1－1基础模块课程	
评价内容： *课程资源是为培训对象提供系统学习的平台，是为培训机构提供教学指导的材料。依据培训标准以模块化培训体系进行模块化课程开发。* 验收要点： *基础模块课程体系相关资料。*	
评分细则：（满分30分） *1. 建立与基础模块培训体系相对应的基础模块课程体系。（20分）* *2. 基础模块课程单元内容为项目一体化教学模式。（10分）*	
本条目开发成果及备查材料名称： *开发单位填写。*	
专家评估意见及得分：	得分

Ⅲ－1－2 拓展模块课程	
评价内容： *课程资源是为培训对象提供系统学习的平台，是为培训机构提供教学指导的材料。依据培训标准以模块化培训体系进行模块化课程开发。* 验收要点： *拓展模块课程相关资料。*	
评分细则：（满分 15 分） *拓展模块体现新工艺、新技术 15 分，不足以 5 分为单位扣分。*	
本条目开发成果及备查材料名称： *开发单位填写。*	
专家评估意见及得分：	得分

Ⅲ－1－3 行业模块课程	
评价内容： *课程资源是为培训对象提供系统学习的平台，是为培训机构提供教学指导的材料。依据培训标准以模块化培训体系进行模块化课程开发。* 验收要点： *行业模块课程相关资料。*	
评分细则：（满分 15 分） *行业模块具有鲜明的特点。（15 分）*	
本条目开发成果及备查材料名称： *开发单位填写。*	
专家评估意见及得分：	得分

<table>
<tr><td colspan="2">Ⅲ—1—4 教学资源</td></tr>
<tr><td colspan="2">评价内容：
课程资源是为培训对象提供系统学习的平台，是为培训机构提供教学指导的材料。依据培训标准以模块化培训体系进行模块化课程开发。
验收要点：
与模块课程相对应的教学资源材料。</td></tr>
<tr><td colspan="2">评分细则：（满分 50 分）
1. 模块课程教学资源丰富（视频、动画等），适用各类人员学习。（50 分）
2. 模块课程教学资源单一，以 10 分为单位扣分。</td></tr>
<tr><td colspan="2">本条目开发成果及备查材料名称：
开发单位填写。</td></tr>
<tr><td rowspan="2">专家评估意见及得分：</td><td>得分</td></tr>
<tr><td></td></tr>
</table>

Ⅲ－2学习资源

<table>
<tr><td colspan="2">Ⅲ－2－1学习指南文本</td></tr>
<tr><td colspan="2">评价内容：
为保证培训质量，方便培训对象学习、训练的各种资料。
验收要点：
与课程模块相对应的教材资料。</td></tr>
<tr><td colspan="2">评分细则：（满分15分）
指导本职业培训学员学习用教材。（15分）</td></tr>
<tr><td colspan="2">本条目开发成果及备查材料名称：
开发单位填写。</td></tr>
<tr><td rowspan="2">专家评估意见及得分：</td><td>得分</td></tr>
<tr><td></td></tr>
</table>

<table>
<tr><td colspan="2">Ⅲ—2—2 学习平台建设</td></tr>
<tr><td colspan="2">评价内容：
为保证培训质量，方便培训对象学习、训练的各种资料。
验收要点：
与课程模块相对应的互联网学习平台。</td></tr>
<tr><td colspan="2">评分细则：（满分 40 分）
建立互联网培训学员学习平台。（40 分）</td></tr>
<tr><td colspan="2">本条目开发成果及备查材料名称：
开发单位填写。</td></tr>
<tr><td rowspan="2">专家评估意见及得分：</td><td>得分</td></tr>
<tr><td></td></tr>
</table>

Ⅲ－2－3 模拟考核平台	
评价内容： *为保证培训质量，方便培训对象学习、训练的各种资料。* 验收要点： *与课程模块相对应的模拟考核平台。*	
评分细则：（满分 20 分） *利用互联网技术建立模拟考核平台。（20 分）*	
本条目开发成果及备查材料名称： *开发单位填写。*	
专家评估意见及得分：	得分

Ⅲ－3 信息资源

<table>
<tr><td colspan="2">Ⅲ—3—1 新技术动态信息</td></tr>
<tr><td colspan="2">评价内容：
信息资源是通过各种途径让各行业职工对职业培训包的使用有更好的了解、熟悉本职业领域技术发展的动态及基本状况。
验收要点：
信息资源管理相关制度文件以及相应的发布平台。</td></tr>
<tr><td colspan="2">评分细则：（满分 10 分）
1. 新技术信息收集、发布制度。（5 分）
2. 发布信息平台或纸质杂志。（5 分）</td></tr>
<tr><td colspan="2">本条目开发成果及备查材料名称：
开发单位填写。</td></tr>
<tr><td rowspan="2">专家评估意见及得分：</td><td>得分</td></tr>
<tr><td></td></tr>
</table>

Ⅲ－3－2 职业技能水平项目案例	
评价内容： *信息资源是通过各种途径让各行业职工对职业培训包的使用有更好的了解，熟悉本职业领域技术发展的动态及基本状况。* 验收要点： *职业技能新技术相关信息的管理制度以及相应的发布平台。*	
评分细则：（满分 10 分） *1. 收集职业技能新技术制度。（5 分）* *2. 建立发布平台或纸质杂志汇编等。（5 分）*	
本条目开发成果及备查材料名称： *开发单位填写。*	
专家评估意见及得分：	得分

Ⅳ－1 培训包成效

<table>
<tr><td colspan="2">Ⅳ－1－1 实验培训</td></tr>
<tr><td colspan="2">评价内容：
实验性培训是指职业培训包在开发过程中开展验证性职业培训，用以验证所开发的职业培训包，具有培训的有效性、同一性、选择性、普及性，企业有较高程度的认可度。
验收要点：
实验性培训分析报告及过程资料。</td></tr>
<tr><td colspan="2">评分细则：（满分 40 分）
1. 组织 20 人实验性培训，有完整过程记录和分析报告。（20 分）
2. 组织两次 20 人实验性培训，有完整过程记录和分析报告。（20 分）</td></tr>
<tr><td colspan="2">本条目开发成果及备查材料名称：
开发单位填写。</td></tr>
<tr><td rowspan="2">专家评估意见及得分：</td><td>得分</td></tr>
<tr><td></td></tr>
</table>

Ⅳ—1—2 推广培训

评价内容：

实验性培训是指职业培训包在开发过程中开展验证性职业培训，用以验证所开发的职业培训包，具有培训的有效性、同一性、选择性、普及性，企业有较高程度的认可度。

验收要点：

其他培训机构的实验性培训过程资料。

评分细则：（满分 30 分）

其他培训机构进行过一次实验性培训，过程完整有记录。（30 分）

本条目开发成果及备查材料名称：

丌发单位填写。

专家评估意见及得分：	得分

Ⅳ－1－3 培训学员反馈	
评价内容： *实验性培训是指职业培训包在开发过程中开展验证性职业培训，用以验证所开发的职业培训包，具有培训的有效性、同一性、选择性、普及性，企业有较高程度的认可度。* 验收要点： *培训学员反馈信息分析总结报告。*	
评分细则：（满分 20 分） *利用各种方式收集培训学员反馈信息，并进行分析总结。（20 分）*	
本条目开发成果及备查材料名称： *开发单位填写。*	
专家评估意见及得分：	得分

<table>
<tr><td colspan="2">Ⅳ－1－4 外省市利用</td></tr>
<tr><td colspan="2">评价内容：
实验性培训是指职业培训包在开发过程中开展验证性职业培训，用以验证所开发的职业培训包，具有培训的有效性、同一性、选择性、普及性，企业有较高程度的认可度。
验收要点：
外省市培训机构的实验性培训过程资料。</td></tr>
<tr><td colspan="2">评分细则：（满分 30 分）
外省市培训机构进行实验性培训，有过程记录并分析总结。（30 分）</td></tr>
<tr><td colspan="2">本条目开发成果及备查材料名称：
丌发单位填写。</td></tr>
<tr><td rowspan="2">专家评估意见及得分：</td><td>得分</td></tr>
<tr><td></td></tr>
</table>

Ⅴ-1 组织机构

Ⅴ-1-1 组织机构明确	
评价内容： “职业培训包”开发单位要健全组织机构，领导班子有明确分工负责，并设有常设管理机构，有稳定的开发团队，保证职业培训包开发质量和水平。 验收要点： 培训包开发单位组织机构及相关管理制度文件。	
评分细则：（满分10分） 组织机构健全，并设有常设机构进行开发管理。（10分）	
本条目开发成果及备查材料名称： 开发单位填写。	
专家评估意见及得分：	得分

<table>
<tr><td colspan="2">Ⅴ－1－2 开发团队管理</td></tr>
<tr><td colspan="2">评价内容：
“职业培训包”开发单位要健全组织机构，领导班子有明确分工负责，并设有常设管理机构，有稳定的开发团队，保证职业培训包开发质量和水平。
验收要点：
培训包开发团队管理制度文件及人员情况资料。</td></tr>
<tr><td colspan="2">评分细则：（满分 15 分）
开发团队人员相对稳定，职责明确。（15 分）</td></tr>
<tr><td colspan="2">本条目开发成果及备查材料名称：
开发单位填写。</td></tr>
<tr><td rowspan="2">专家评估意见及得分：</td><td>得分</td></tr>
<tr><td></td></tr>
</table>

<table>
<tr><td colspan="2">V－1－3 合作单位</td></tr>
<tr><td colspan="2">评价内容：
"职业培训包"开发单位要健全组织机构，领导班子有明确分工负责，并设有常设管理机构，有稳定的开发团队，保证职业培训包开发质量和水平。
验收要点：
培训包合作开发单位资质证明材料。</td></tr>
<tr><td colspan="2">评分细则：（满分 20 分）
合作开发单位有保证。（20 分）</td></tr>
<tr><td colspan="2">本条目开发成果及备查材料名称：
开发单位填写。</td></tr>
<tr><td rowspan="2">专家评估意见及得分：</td><td>得分</td></tr>
<tr><td></td></tr>
</table>

Ⅴ-2项目管理制度

<table>
<tr><td colspan="2">Ⅴ-2-1项目管理制度健全</td></tr>
<tr><td colspan="2">评价内容：
健全项目管理制度、专项资金管理制度，建立各相关开发岗位的岗位职责，保证职业培训包项目持续改进落实到位。
验收要点：
项目管理制度相关文件。</td></tr>
<tr><td colspan="2">评分细则：（满分10分）
项目管理制度的文本。（10分）</td></tr>
<tr><td colspan="2">本条目开发成果及备查材料名称：
开发单位填写。</td></tr>
<tr><td rowspan="2">专家评估意见及得分：</td><td>得分</td></tr>
<tr><td></td></tr>
</table>

<table>
<tr><td colspan="2">Ⅴ—2—2 专项资金管理</td></tr>
<tr><td colspan="2">评价内容：
　　健全项目管理制度、专项资金管理制度，建立各相关开发岗位的岗位职责，保证职业培训包项目持续改进落实到位。
验收要点：
　　专项资金管理制度等相关文件及财务账目资料等。</td></tr>
<tr><td colspan="2">评分细则：（满分 15 分）
　　专项资金管理制度和财务账目。（15 分）</td></tr>
<tr><td colspan="2">本条目开发成果及备查材料名称：
　　开发单位填写。</td></tr>
<tr><td rowspan="2">专家评估意见及得分：</td><td>得分</td></tr>
<tr><td></td></tr>
</table>

V－2－3 项目持续管理	
评价内容： *健全项目管理制度、专项资金管理制度，建立各相关开发岗位的岗位职责，保证职业培训包项目持续改进落实到位。* 验收要点： *项目持续改进管理制度等相关文件。*	
评分细则：（满分 15 分） *有项目持续改进管理制度和机制。（15 分）*	
本条目开发成果及备查材料名称： *廾发单位填写。*	
专家评估意见及得分：	得分

开发项目

天津市正在开发的“职业培训包”项目

天津市正在开发的“职业培训包”项目

序号	职业名称	等级	培训包数
1	家用电器产品维修工	1—5	5
2	数控铣工	1—4	4
3	计算机（微机）维修工	3—5	3
4	数控车工	1—4	4
5	车工	1—5	5
6	电子仪器仪表装配工	1—5	5
7	汽车修理工	1—5	5
8	计算机程序设计员	3—5	3
9	眼镜验光员	1—5	5
10	眼镜定配工	2—5	4
11	养老护理员	2—5	4
12	化学检验工	1—5	5
13	乳品检验员	1—5	5
14	印品整饰工	1—5	5
15	平版印刷工	1—5	5
16	家用电子产品维修工	1—5	5
17	维修电工	1—5	5
18	飞机装配工	1—5	5

续表

序号	职业名称	等级	培训包数
19	航空电气安装调试工	1—5	5
20	计算机软件产品检验员	1—3	3
21	智能楼宇管理师	2—4	3
22	工具钳工	1—5	5
23	加工中心操作工	1—4	4
24	中药检验工	1—5	5
25	中药固体制剂工	3—5	3
26	中药调剂员	3—5	3
27	汽车加气站操作工	2—5	4
28	燃气具安装维修工	2—5	4
29	钟表维修工	1—5	5
30	食品检验工	1—5	5
31	钻井工	1—5	5
32	内燃机车司机	1—3	3
33	船舶水手	1—5	5
34	叉车司机	2—5	4
35	铣工	1—5	5
36	机修钳工	1—5	5
37	汽车驾驶员	2—5	4
38	无线电调试工	1—4	4
39	焊工	1—5	5
40	管工	1—5	5

Ⅰ-1 职业标准

Ⅰ-1-1 企业调研	
评价内容： *在国家职业标准框架下结合天津产业需要，扩充新内容和新要求，包括职业功能、工作内容、技能要求、新技术应用、相关知识形成的提升标准。* 验收要点： *企业调研报告、形成调研报告的佐证材料（调研实施方案、实施过程记录）。*	
评分细则：（满分 30 分） *1. 调研 30 家以上中型企业。（30 分）* *2. 调研 20～30 家中型企业。（20 分）* *3. 调研 10～20 家中型企业。（10 分）* *4. 调研 5～10 家中型企业。（5 分）* *5. 调研 5 家以下中型企业不计分。*	
本条目开发成果及备查材料名称： *开发单位填写。*	
专家评估意见及得分：	得分

<table>
<tr><td colspan="2">Ⅰ—3—2 实验鉴定效果</td></tr>
<tr><td colspan="2">评价内容：
考核标准是客观、公正、公平、实事求是评价学员培训成果，引导激励学员自主学习，客观衡量培训学员的知识、技能、素质水准的评价规则，是职业资格鉴定考核的依据。在本市及外省市有一定的认可度。
验收要点：
实验性考核鉴定资料（含考核鉴定方案、设计、实施过程记录、实验结果总结）。</td></tr>
<tr><td colspan="2">评分细则：（满分 20 分）
1. 组织实验性考核鉴定，鉴定学员 20 人（鉴定学员名册、总结报告）。（10 分）
2. 其他培训机构实验性考核鉴定。（10 分）</td></tr>
<tr><td colspan="2">本条目开发成果及备查材料名称：
开发单位填写。</td></tr>
<tr><td rowspan="2">专家评估意见及得分：</td><td>得分</td></tr>
<tr><td></td></tr>
</table>

Ⅱ-1职业指南

Ⅱ-1-1职业指南文本	
评价内容： *职业指南是为培训学员了解职业内容特点、职业认证，了解培训项目、培训模式的服务性文本。* 验收要点： *职业指南文本、各类反馈情况的相关资料。*	
评分细则：（满分20分） *1. 职业指南文本符合要求。（10分）* *2. 企业、失业人员选择反馈。（5分）* *3. 其他培训机构反馈意见。（5分）*	
本条目开发成果及备查材料名称： *开发单位填写。*	
专家评估意见及得分：	得分

V－1 组织机构

<table>
<tr><td colspan="2">V－1－1 组织机构明确</td></tr>
<tr><td colspan="2">评价内容：
“职业培训包”开发单位要健全组织机构，领导班子有明确分工负责，并设有常设管理机构，有稳定的开发团队，保证职业培训包开发质量和水平。
验收要点：
培训包开发单位组织机构及相关管理制度文件。</td></tr>
<tr><td colspan="2">评分细则：（满分 10 分）
组织机构健全，并设有常设机构进行开发管理。（10 分）</td></tr>
<tr><td colspan="2">本条目开发成果及备查材料名称：
开发单位填写。</td></tr>
<tr><td rowspan="2">专家评估意见及得分：</td><td>得分</td></tr>
<tr><td></td></tr>
</table>

Ⅴ－2项目管理制度

<table>
<tr><td colspan="2">Ⅴ－2－1项目管理制度健全</td></tr>
<tr><td colspan="2">评价内容：
健全项目管理制度、专项资金管理制度，建立各相关开发岗位的岗位职责，保证职业培训包项目持续改进落实到位。
验收要点：
项目管理制度相关文件。</td></tr>
<tr><td colspan="2">评分细则：（满分10分）
项目管理制度的文本。（10分）</td></tr>
<tr><td colspan="2">本条目开发成果及备查材料名称：
开发单位填写。</td></tr>
<tr><td rowspan="2">专家评估意见及得分：</td><td>得分</td></tr>
<tr><td></td></tr>
</table>

续表

序号	职业名称	等级	培训包数
41	电子器件检验工	1—5	5
42	飞机、发动机附件检验工	1—5	5
43	物流师	1—4	4
44	可编程序控制系统设计师	1—4	4
45	汽车运输调度员	1—5	5
46	育婴师	3—5	3
47	多媒体作品制作员	2—4	3
48	网络课件设计师	2—4	3
49	半导体芯片制造工	1—4	4
50	车辆电工	1—5	5
51	机车电工	1—5	5
52	太阳能利用工	1—5	5
53	电切削工	1—5	5
54	动画绘制员	1—4	4
55	航空无线设备安装调试工	1—5	5
56	数控程序员	2—3	2
57	常用电机检修工	1—5	5
58	印前制作员	1—4	4
59	装配钳工	1—5	5
60	服装制作工	2—5	4
61	有机合成工	1—5	5
62	数字视频合成师	2—4	3

续表

序号	职业名称	等级	培训包数
63	形象设计师	1—3	3
64	电机装配工	1—5	5
65	数字视频（DV）策划制作师	3—5	3
66	电气设备安装工	1—5	5
67	风力发电运行检修员	2—5	4
68	计算机网络管理员	1—4	4
69	金属热处理工	1—5	5
70	快递业务员	1—5	5
71	收银员	3—5	3
72	客房服务员	3—5	3
73	营业员	2—5	4
74	飞机仪表安装试验工	1—5	5
75	飞机、发动机附件试验工	1—5	5
76	航空电机电器试验设备调试工	1—5	5
77	航空仪表检验工	1—5	5
78	茶艺师	1—5	5
79	前厅服务员	3—5	3
80	信用管理师	1—3	3
81	医药商品储运员	3—5	3
82	医药商品购销员	3—5	3
83	中药购销员	3—5	3
84	景观设计师	1—4	4

续表

序号	职业名称	等级	培训包数
85	花卉园艺师	1—5	5
86	保洁员	3—5	3
87	白酒酿造工	1—5	5
88	啤酒酿造工	1—5	5
89	西式面点师	1—5	5
90	室内装饰设计员	1—3	3
91	制图员	2—5	4
92	西式烹调师	1—5	5
93	中式面点师	1—5	5
94	变电设备安装工	1—5	5
95	机动车驾驶教练员	1—4	4
96	数控机床装调维修工	1—4	4
97	电子设备装接工	1—5	5
98	地毯设计师	1—3	3
99	小风电利用工	1—5	5
100	餐厅服务员	1—5	5
101	建筑模型设计制作员	2—5	4
102	工程机械修理工	1—5	5
103	无损检测员	1—4	4
104	美容师	1—5	5
105	电信机务员	1—5	5
106	磨工	1—5	5

续表

序号	职业名称	等级	培训包数
107	铸造工	1—5	5
108	中式烹调师	1—5	5
109	摄影师	1—5	5
110	砌筑工	2—5	4
111	模具设计师	1—3	3
112	化工仪表维修工	1—5	5
113	采购师	1—4	4
114	集体协商指导师	1—3	3
115	能源管理师	1—4	4
116	无人机操控师	2—4	3
117	工业设计师	1—4	4
118	人力资源配置（派遣）指导师	2—4	3
119	旅游计调师	2—4	3
120	商业服务质量管理师	1—4	4
121	手工编织指导师	3—4	2
122	运动伤害防护师	2—4	3
123	媒体资产管理师	2—4	3
124	贵金属交易分析师	2—4	3
125	锻造工	1—5	5
126	制齿工	1—5	5
127	电线电缆制造工	1—5	5
128	变电站值班员	1—5	5

续表

序号	职业名称	等级	培训包数
129	变配电室值班电工	1—5	5
130	固井工	2—5	4
131	采油工	1—5	5
132	井下作业工	1—5	5
133	油气输送工	1—5	5
134	工程测量员	1—5	5
135	建材化学分析工	1—5	5
136	桥梁工	1—5	5
137	铁道线路工	1—5	5
138	接触网工	1—5	5
139	动车组机械师	1—3	3
140	铁路信号工	1—5	5
141	铁路通信工	1—5	5
142	照明设计师	1—3	3
143	蔬菜园艺工	1—5	5
144	装饰美工	1—5	5
145	调酒师	1—5	5
合计	145		622